H Haber Cuando queremos indicar mera existencia, debemos usar el verbo haber y no el verbo ser o el verbo estar. Fíjese usted en que **haber** traduce exactamente nuestras expresiones: *there is, there are* **hay;** *there was, there were* **había.**

I Infinitivo Entre el verbo conjugado y el infinitivo no debemos usar nada si no hay regla que indique lo contrario: **quiero ver; espero tener; puedo entender.** Algunos verbos requieren a antes del infinitivo: **vengo a comer; voy a trabajar; comienzo a estudiar; le enseño a bailar; aprendo a manejar.** El infinitivo es la única forma del verbo que podemos emplear después de una preposición: *after eating* **después de comer;** *before going downtown* **antes de ir al centro.**

J Jota La jota tiene que emplearse en la primera persona del presente del indicativo y en todas las formas del presente del subjuntivo en ciertos verbos como **coger** y **dirigir** para conservar el sonido original: **cojo; coja, cojas; dirijo; dirija, dirijas.** Véase la tabla de verbos.

L Lo Lo no puede emplearse como complemento de una preposición ni como sujeto de un verbo. Generalmente cuando el sujeto en inglés es *it* no se expresa en español: **es imposible** *it is impossible.*

M Modo subjuntivo 1. El uso del subjuntivo en la cláusula sustantiva (*noun clause*). (Una cláusula sustantiva funciona como un sustantivo sencillo.) En las cláusulas sustantivas, siempre subordinadas por un relativo como **que,** hay que usar el subjuntivo si el verbo de la cláusula independiente es uno de volición (que muestra la voluntad de alguien), duda positiva o creencia negativa (dudar y no creer), emoción, o una expresión impersonal de volición, duda, o emoción (éstas en inglés siempre empiezan con *it*), y si hay cambio de sujeto entre las dos cláusulas: *I hope that he doesn't do it.* **Espero que no lo haga.** *We are afraid that he will come.* **Tememos que venga.** *I don't think he knows it.* **No creo que lo sepa.** *It was impossible for them to learn it.* **Era imposible que ellos lo aprendieran.** El tiempo verbal es el mismo que se emplea en inglés.

Una combinación de complemento e infinitivo en inglés puede exigir el subjuntivo en español: *He wants me to go.* **Quiere que vaya.** *She wants John to come.* **Quiere que Juan venga.** *We asked Jim to drive.* **Le pedimos a Jaime que manejara.** Unos pocos verbos sí permiten el infinitivo en estos casos (**hacer, prohibir, permitir, dejar, mandar, convenir**): *I won't permit him to do it.* **No le permito hacerlo.**

2. El uso del subjuntivo en la cláusula adjetiva. (La cláusula adjetiva funciona como un adjetivo sencillo.) La cláusula adjetiva siempre modifica un nombre o un pronombre y requiere el uso del subjuntivo cuando éstos son indefinidos: *I am looking for a man who speaks Russian.* **Busco a un hombre que hable ruso.** El hombre aquí es indefinido; no sabemos quién es, y por eso tenemos que usar el subjuntivo.

(*Continued on inside back cover*)

Creative Spanish

Creative Spanish

CHARLES OLSTAD · LEO BARROW

University of Arizona

HARPER & ROW, PUBLISHERS • New York

Library of Congress Catalog Card Number: 65-16492

Contents

Contents

Introduction

Creative Spanish has been especially designed as an imaginative and stimulating approach to composition in Spanish without the usual strait jacket of direct translation and without the disastrous chaos of vaguely assigned "themes." Its use presupposes a fairly broad knowledge of the linguistic resources of Spanish. It may therefore be used, depending on the nature of the program, in late second-year or third-year college Spanish. In those high schools which have a well-integrated four-year foreign language program, *Creative Spanish* may be used to advantage during the fourth year. We frankly admit that the book is intended for the better teachers and students of Spanish. There is, we feel, an ever-increasing abundance of these.

The fundamental concept underlying this somewhat new method is that the best way to begin learning to write well is to imitate someone who writes well. In their *Gramática castellana* Amado Alonso and Pedro Henríquez Ureña state that the study of a language should be based on examples. They use models taken from literature for this purpose. The principle of imitation has always been a maxim for young writers striving for perfection in their own language. But in recent years Nelson Brooks, in his now classic *Language and Language Learning*, has reinterpreted it and given it new importance as a principle of foreign language learning.

We have purposely avoided, therefore, translation exercises involving the transformation of a series of English sentences into Spanish, or the rendering of a sometimes awkward and artificial English paragraph into a, hopefully, less awkward Spanish paragraph. Likewise we have found it wise to avoid "free" compositions. Compositions on assigned or individual topics all too often lead to overuse of greatly restricted linguistic resources and repetition of previously acquired errors, as well as the incredible banality familiar to many an instructor of English or Spanish. Along with these faults, such traditional methods of teaching composition seem to disregard the very important problems of syntax, rhythm of the foreign language, and even its basic intonational patterns. The student clings to the subject-verb-object order of the sentence, the flat intonational pattern, and the iambic pentameter type of rhythm. We are not suggesting that the traditional materials and approaches be discarded; we are merely adding to them, making one more teaching aid readily available for the classroom.

Experience at the University of Arizona, St. Louis University, and the University of Arizona's NDEA Summer Institute in Guadalajara, Mexico, has shown that a wide range of students can derive benefit from writing compositions in imitation of a literary model. A few of the very best students reveal a recognizable literary talent, perhaps already overt in English. The majority do creditable work of more or less originality. The poorest students struggle against, to them, insurmountable odds to achieve miraculously comprehensible results. In all cases the incidence of errors is notably reduced, and many inexcusable errors involving the most basic points are eliminated. The compositions in imitation interest and inspire both teacher and student and quicken the pace of classroom participation.

Creative Spanish is, then, an exercise in mind stretching under competent guidance. The student is required to leave the secure realm of petty personal opinion and the present tense, and to confront new ways of writing and new ways of thinking. Even at the risk of plagiarism, he is broadening his intellectual as well as linguistic horizons.

A quick glance at *Creative Spanish* will reveal that the approach is eclectic and that most of the facets of good language learning have been included. In each lesson the reading, speaking, and writing of Spanish are carefully integrated. The literary model is read silently for comprehension and aloud for the study of rhythm and intonation and for practice in pronunciation. All the discussion is carried on in Spanish, and the student has the opportunity to read his theme in Spanish. The student also has ample opportunity to *write* Spanish in the true creative sense of the word. Such traditional exercises as translation from Spanish to English and grammatical drill on certain points taken from the literary text also form an integral part of the lesson. Since the passages included are taken from authentic Spanish and Latin-American masterpieces and the analysis of these is serious, the book may serve also as an introduction to the study of Hispanic literature and culture.

Although our own literary taste and sensibility, as well as those imposed by tradition, have influenced the choice of the passages, the primary basis for the selection has been pedagogical and not literary. We have simply included those passages which have met with most success and enthusiasm in the classroom. The purpose of the book, to teach students how to write Spanish by imitating good Spanish writing, made it impossible to simplify the passages in any way. Furthermore, the original presents a stimulus and a challenge to both the student and the teacher. The latter need not feign interest in work of no intrinsic merit and can use his literary experience and sensibility to full advantage.

Using Creative Spanish

Creative Spanish has been designed for maximum flexibility in the classroom. It may be used as the only text, in conjunction with a conversation text or traditional translation text, or with both, depending on the scope of the course and the capacity of the students. The steps and exercises have been numbered so that the teacher can choose just those parts that he wishes to assign. Furthermore, it is not necessary to use *all* the lessons, nor is it necessary to use the lessons in exactly the order given, although they are arranged according to approximate difficulty of imitation. Thus, as the teacher uses *Creative Spanish*, it will become more and more his own personal text. The two final lessons, longer selections from Rubén Darío and Miguel de Cervantes, are included for those teachers or students who wish to attempt something more ambitious. They may be used as honors work, for example, or as extra-credit work for especially talented students.

The amount of time to be spent on any one lesson or theme is also flexible. Three class periods for one theme might be considered the minimum. One class meeting for each step is probably the maximum, not an unreasonable amount of time to spend on some, if not all, of the selections. In any case, the accent should be on quality, not quantity. The student learns more by writing five good themes during the semester than fifteen sloppy ones. Needless to say, the teacher spends less time and suffers less frustration grading the five than the fifteen.

In the first *Paso*, comprehension—for the purposes of imitation—must be complete. The teacher can assure himself of this through tests, translations, discussions of the material, etc. A dictation exercise is an excellent way to determine whether or not the student has read carefully and is perfectly familiar with all the words.

The second *Paso* contains the notes to the reading selection, followed by related grammatical exercises. The exercises can be made more formal or less formal. The student may be asked to write sentences illustrating the grammatical points extracted from the text, to incorporate these sentences in his theme, or merely to take note of the examples.

The stylistic discussion is the most important *Paso* and perhaps the most rewarding. The questions offered should serve as a starting point for a real analysis of the passage. Other significant questions from both instructor and students can be added to the list.

The fourth *Paso* can be most helpful in assuring teacher and student that everything is being done properly. By having the student read, or write on the board, his beginning sentence, his first paragraphs, or his outline, both teacher and students can point out differences and similarities between these and the model, make suggestions for improvement, and even indicate errors in Spanish. Thus the student can go on to the fifth *Paso* with confidence.

It should be stressed that the student's model in form, style, rhythm, syntax, vocabulary, idiomatic usage, etc., should always be the literary selection. He should exhaust its possibilities for suitable vocabulary and idioms before he goes to a dictionary.

When the themes are read in class, the major responsibility for clear communication rests on the student himself; he must write and read well and, above all, practice reading his theme aloud before coming to class. However, there are other ways to facilitate oral comprehension. If the class is small, the student can make three or four carbon copies of the theme to distribute to groups of fellow students. In this way a dozen students can see and hear at the same time. An opaque projector can be used to project the theme on a screen as it is being read. It is sometimes helpful to ask the reader to write difficult expressions, idioms, and vocabulary on the board before reading. The class should listen with pencil and paper in hand, and there should be ample opportunity for both them and the instructor to criticize, praise, and correct. After the oral evaluation it is possible to give the student a day or two in which to make corrections and changes before handing in the theme. Again, this saves the instructor time, effort, and frustration.

If the first six *Pasos* have been properly carried out, the instructor should find the seventh, grading the themes, a reasonably easy and pleasant task. The *Abecedario de Atasca-*

deros Gramaticales will be of some help, since with a single key letter one can point out a common mistake and refer the student to the principle involved. The student should be encouraged to keep his returned themes, correcting and rewriting them when necessary. It is sometimes helpful to have him keep a notebook in which he records all his errors, with corrections, of course.

These are merely some suggestions for using the varied material found in each lesson. They are not meant to restrict or limit in any way the ingenuity, intelligence, and spark of humanity so necessary for success in the classroom. *Creative Spanish* is meant as an aid to the good teacher of Spanish; it can never be a substitute for him.

C. O.
L. B.

Creative Spanish

Crónica del alba

Ramón Sender

Valentina apareció[1] por fin corriendo calle abajo y al ver que yo estaba en la puerta se detuvo. Siguió andando con una lejana sonrisa, pero de pronto, cambió de parecer y echó a correr de nuevo. Cuando llegó comenzó a hablarme mal de su hermana Pilar. Me dijo que había querido llegar más pronto pero que la obligaron a estudiar el piano. Yo me creí en el caso de mirar el reloj y decirle a Valentina que los números de la esfera eran de ámbar. Aunque ella estaba enterada se creyó también obligada a preguntarme si me lo habían regalado el día de mi primera comunión. Yo le dije que sí y que la cadena era también de plata. Después entramos corriendo.[2] Valentina cada dos pasos avanzaba otros dos sobre un solo pie con lo cual las florecitas de trapo que llevaba en la cabeza bailaban alegremente. Al llegar junto al perro yo le advertí que no debía tener miedo. Me acerqué al animal que estaba tumbado, me senté en sus costillas, le abrí la boca,[3] metí dentro el puño cerrado y dije:

—Estos perros son muy mansos.

Ella me miraba las rodillas[3] y yo pensaba que había hecho muy bien en lavarlas. Valentina, escaleras arriba, con la respiración alterada por la impaciencia y la fatiga, me contaba que en la sonata de Bertini su hermana Pilar tocaba demasiado de prisa para que no pudiera seguirla ella y ponerla en evidencia. Yo le pregunté si quería que matara a su hermana, pero Valentina me dijo con mucha gravedad:

—Déjala, más vale que viva y que todos vean lo tonta que es.

1

Primer Paso: Comprensión

1 Hay que leer con cuidado, pensando en el sentido exacto de las palabras. Siempre es bueno hacer una lista de las palabras o expresiones difíciles de entender.

2 Trate de ver claramente la escena, sentir las sensaciones físicas y las emociones juveniles.

3 Como siempre, es importante que lea en voz alta el trozo en español antes de venir a la clase.

Segundo Paso: Estudio Gramatical

NOTAS

¹ **apareció** This is the first of a series of verbs in the preterite tense portraying a series of actions or events in the past; it is a tense of narration. Contrast this use of the preterite with the use of the imperfect for descriptions of scenes or conditions.

² **entramos corriendo** The present participle (*gerundio*) is often used in Spanish with verbs other than **estar.** Note also the first two sentences.

³ **le abrí la boca** *I opened his mouth;* **ella me miraba las rodillas** *she was looking at my knees* The indirect object, not the possessive adjective, usually denotes possession of body parts in Spanish.

EJERCICIO

1 Señale en el texto los verbos en el pretérito y los verbos en el imperfecto. Discuta en clase los casos que parecen no conformarse con las reglas establecidas.

2 Escriba varias oraciones originales empleando la locución española para denotar posesión de las partes del cuerpo. Escriba también un par de oraciones, con la misma locución, indicando posesión de artículos de ropaje.

Tercer Paso: Discusión Estilística

1 ¿Qué impresión le da la lectura de este trozo?

2 El narrador tiene diez años. Valentina es su "novia." ¿Cómo logra y mantiene el autor su punto de vista juvenil?

2

3 ¿Es que los temas que les interesan a los jóvenes son importantes para este punto de vista? ¿Cuáles son los temas que discuten en esta escena? ¿Los discuten con inteligencia?

4 ¿Tienen los chicos una manera especial de enfrentarse con estos temas?

5 ¿Hay un orden lógico y riguroso en la sucesión de los temas? Hay que notar la ingenuidad de los chicos al tratar un tema grave.

6 Discuta el diálogo. Cuando hablan los chicos ¿lo hacen siempre para communicar hechos o contar casos, o es que a veces sienten la necesidad de hablar, de decir algo, para encubrir su timidez?

7 El autor, antes de contarnos este episodio, nos entera de que está encerrado en un campo de concentración, alejado de su patria. Sabiendo esto, ¿sufre algún cambio, o se intensifica, nuestra impresión del trozo? ¿Cómo?

8 ¿Sentimos el contraste entre la libertad, la inocencia, el optimismo de los chicos en esta escena y la prisión, el desengaño, el pesimismo del autor?

9 Parece que Valentina quiere mal a su hermana. El héroe le pregunta si quiere que la mate. ¿Tendrá esta escena alguna relación con la absoluta inocencia de los niños?

10 ¿Qué nos revela sobre la naturaleza de la felicidad el último párrafo? ¿Equivale la felicidad a la inocencia?

Cuarto Paso: Primeras Pruebas

1 Escoger un episodio, un momento, de su juventud o de una juventud imaginaria. Este momento debe ejemplificar un rasgo característico: comicidad, desengaño, valentía, tragedia, etc., de la vida de un joven.

2 Esbozar los temas, los elementos principales, y el desarrollo de la composición.

3 Cuidarse bien de la diferencia entre el pretérito y el imperfecto.

4 Vea la Tabla de Verbos si no recuerda las terminaciones verbales.

3

Quinto Paso: Creación

Terminar la composición, siguiendo de cerca o de lejos el modelo que se ha estudiado en clase. (También el plagio, hecho con cuidado y esmero, puede ser de mucho valor pedagógico.)

Sexto Paso: Lectura

Leer la composición en clase, en parte o en su totalidad, indicando el profesor los errores de gramática, pero también señalando los aciertos literarios. El estudiante debe entender sus errores, guardándolos, junto con la forma correcta, en un cuaderno especial.

Sugerencias

Este trozo viene de una novela de Ramón Sender, *Crónica del alba* (New York, Appleton-Century-Crofts, Inc., 1946). Esta novela autobiográfica, editada en forma de libro de texto, es una pequeña joya de uno de los más destacados novelistas españoles contemporáneos.

Narra las aventuras de un joven de 10 años que trata de entender el sentido de las palabras "sacrificio" y "heroísmo." Es, como indica el título, la crónica de un alba especial, la historia de un despertar moral. El narrador es el mismo Pepe Garcés, años más tarde, encerrado en un campo de concentración, víctima de las guerras de nuestro tiempo. Ya comprende lo que es sacrificio.

Otra novela de Sender que también demuestra un punto de vista en parte juvenil, pero de índole más fuerte, más trágica, es *Réquiem por un campesino español* (New York, Las Americas Publishing Co., 1960).

4

Los ojos verdes

Gustavo Adolfo Bécquer

Tú no conoces aquel sitio. Mira, la fuente brota escondida en el seno de una peña, y cae resbalándose gota a gota por entre las verdes y flotantes hojas de las plantas que crecen al borde de su cuna. Aquellas gotas que al desprenderse[1] brillan como puntos de oro y suenan como las notas de un instrumento, se reúnen entre los céspedes, y susurrando, susurrando, con un ruido semejante al de las abejas que zumban en torno de las flores, se alejan por entre las arenas, y forman un cauce, y luchan con los obstáculos que se ponen en su camino, y se repliegan sobre sí mismas,[2] y saltan, y huyen, y corren, unas veces con risa, otras con suspiros, hasta caer en un lago. En el lago caen con un rumor indescriptible. Lamentos, palabras, nombres, cantares, yo no sé lo que he oído en aquel rumor cuando me he sentado solo y febril sobre el peñasco, a cuyos pies saltan las aguas de la fuente misteriosa para estancarse en una balsa profunda cuya inmóvil superficie[3] apenas riza el viento de la tarde.

Primer Paso: Comprensión

1 Lea con cuidado, fijándose en el sentido exacto de las palabras.
2 Haga una traducción al inglés, escrita, tratando de captar todas las sutilezas del original.

Segundo Paso: Estudio Gramatical

NOTAS

[1] **al desprenderse**   *upon breaking away.*

[2] **sobre sí mismas**   *upon themselves.*

[3] **cuya inmóvil superficie**   Occasionally descriptive adjectives may precede the noun they modify in poetic prose.

EJERCICIO

1 El modismo **al** con infinitivo es sumamente común en español. Traduzca las expresiones siguientes: *upon arriving, upon waking up, upon becoming president.*

2 Esta expresión se usa también para traducir varias otras clases de frases: *when he got up*   **al levantarse;** *as soon as he found out*   **al darse cuenta.** Haga usted una lista personal de otras expresiones semejantes en inglés. Tradúzcalas al español.

3 Ponga las siguientes frases en la tercera persona singular; por ejemplo, **lo dije para mí** sería **lo dijo para sí. Yo estaba fuera de mí. No me entiendo a mí mismo. Llevé el libro conmigo.**

4 Escriba algunas frases descriptivas según la explicación en la nota #3. Emplee algunas en su composición. Vea la "C" del Abecedario para una discusión de la concordancia de los adjetivos.

Tercer Paso: Discusión Estilística

1 En general ¿qué impresión le da esta descripción? Posibilidades: movimiento, paz, ruido, melancolía, humedad, alegría, etc. Explique y defienda su opinión. Señálense algunas palabras clave.

2 ¿Se sugieren otras formas de expresión artística? ¿La música? ¿El cine? ¿Cómo?

3 El pásaje se divide en dos partes: descripción y "lo indescriptible." ¿Cuáles son algunas diferencias—de vocabulario, de movimiento, de ambiente?

4 Aunque el pasaje no está escrito en verso ¿se nota cierto ritmo? Fíjese en lo corto o lo largo de las frases, en las series

6

y en las repeticiones de palabras, y en el contraste de la segunda parte.

5 Note los colores, los sonidos, y su posible relación con el estado de ánimo del narrador.

6 ¿Qué partes de la oración contribuyen más a la descripción—adjetivos, verbos, sustantivos, etc? ¿Sería posible hacer esta misma descripción empleando, por ejemplo, más adjetivos y menos verbos?

7 Sin haber leído todo el cuento, del cual éste es sólo un párrafo ¿parece haber una interpretación más profunda, un valor simbólico, en esta descripción?

Cuarto Paso: Primeras Pruebas

1 Escoja un tema, algo descriptible, de su experiencia o de su imaginación.

2 Haga una lista de las características del objeto de su descripción, y apunte algunas palabras clave.

3 No olvide el contraste de la segunda parte.

4 Escriba la primera frase y haga un bosquejo o esquema de lo demás.

Quinto Paso: Creación

1 Termine la composición. Imite con cuidado el modelo.

2 Emplee las mismas construcciones y las mismas palabras si quiere.

3 No olvide lo que hemos comentado en el Tercer Paso.

Sexto Paso: Lectura

El profesor le va a pedir que lea su composición ante la clase, con cuidado, con voz clara, y con atención al ritmo.

Sugerencias

El cuento "Los ojos verdes" es interesante y bastante corto. Puede leerlo todo en *Rimas y leyendas* de Gustavo Adolfo Bécquer o en antologías como *Representative Spanish Authors* (New York, Oxford University Press, 1963).

El cuento narra la leyenda del joven Fernando, quien descubre un día la fuente misteriosa. Se pone melancólico, hechizado por lo que cree haber visto en las aguas, y por fin vuelve a ver la fuente, llevado por la atracción de las claras aguas; entra en ellas para encontrar una muerte poética.

Otras narraciones de sus *Rimas y leyendas* cuentan sucesos no menos extraordinarios y poéticos.

La rosa

Camilo José Cela

Mi tío Pedro Crespo no es agricultor ni ganadero; es comerciante o, como él dice, industrial. Mi tío Pedro tiene—o tuvo—una tienda, medio[1] taberna, medio almacén de todo lo imaginable y una fonda con una cuadra destartalada, lóbrega y oscura, donde los besteiros guardan los caballos bravos mientras se paran a echar un trago, comer unas puntas de lacón y dormir un rato.

Es curioso y arriesgado el oficio de los besteiros, que se pasan la vida a caballo, corriendo por el monte detrás de las yeguadas de cimarrones, que cazan con maestría y que después venden a los castellanos sin herrar[2] y sin domar[2]. Muchos de ellos están señalados y faltos de una mano o una oreja que perdieron cualquier mañana de la dentellada de un potro.

Mi tío Pedro Crespo tiene también un molino, en el que a un hermano suyo ahorcó la polea al engancharlo por la bufanda, y una serrería de ataúdes que trabaja en grande y que suministra cajas de muerto de inmejorable calidad a sitios que distan muchas leguas de allí. La serrería se mueve merced a la fuerza que desarrolla un raro ingenio hidráulico, lleno de ruedas, de palas y de transmisiones, que dice mucho de los talentos mecánicos de mi tío Pedro y de sus capacidades de inventor.

Mi tío Pedro Crespo tiene, además, una fábrica de curtidos que huele muy mal y a la que fui un día y no volví.

Mi tío Pedro usa un papel de cartas con un membrete que

9

dice: Pedro Crespo. Exportación de jamones–Fábrica de ataúdes. Los Mesones del Reino. Orense (Spain).

De todos aquellos lugares, Los Mesones del Reino es el más apañado, y también, aunque tiran piedras a las bicicletas, el más civilizado. Cuando yo estuve allí pude ver que en la aldea no tenían luz eléctrica y se alumbraban como podían, con velas y candiles[3] de carburo o de aceite. En el pueblo hay una pequeña fábrica, pero mi tío Pedro está reñido con el dueño y convenció a todas las gentes del contorno de que la luz eléctrica es un invento de los masones, que no trae más que enfermedades de la piel, del corazón y de la vista. Según datos fidedignos, piensa seguir así hasta que el otro quiebre.

Primer Paso: Comprensión

Leer con cuidado, tratando de imaginarse la personalidad del tío Pedro Crespo y su vida.

Segundo Paso: Estudio Gramatical

NOTAS

[1] **medio** This is a noun meaning *half;* it therefore does not agree with **taberna,** as would an adjective.
[2] **sin herrar** *unshod;* **sin domar** *untamed.*
[3] **candiles** not *candles* but *lamps* or *lanterns.*

EJERCICIO

El prefijo que corresponde al inglés *un-* no es muy común en español. Más comúnmente se usa **sin** con infinitivo. Otro ejemplo: **Mi composición queda sin terminar** (*unfinished*). Otra locución española muy útil en este sentido es **poco** con adjetivo. Por ejemplo: **el prefijo un- es poco común** (*uncommon*). Traduzca las siguientes expresiones al inglés usando el prefijo *un-:* **poco democrático, poco justo, poco inteligente.**

Tercer Paso: Discusión Estilística

1 Pedro Crespo parece ser "un personaje inolvidable." ¿Ha conocido el lector a una persona semejante?

10

2 ¿Cuáles son los rasgos sobresalientes de la personalidad de don Pedro? ¿los rasgos sobresalientes de su vida? ¿los rasgos sobresalientes del mundo en que vive?

3 De estas tres categorías ¿cuál parece merecer más atención del autor?

4 El segundo párrafo parece ser totalmente parentético. ¿Verdad? Pero ¿no nos dice algo del mundo de don Pedro?

5 Don Pedro es, según sus propias palabras, industrial. Su papel de cartas da a entender cierta importancia, hasta internacional, de sus negocios. Señale el lector otros párrafos u otras alusiones que contradicen esta impresión.

6 El autor que parece decir una cosa, dando a entender que lo contrario es cierto, es irónico. Según esto, la primera frase y el quinto párrafo son irónicos. ¿Qué podemos decir del penúltimo párrafo?

7 La breve referencia al hermano de don Pedro, ahorcado por una polea, parece no tener la menor importancia. Sin embargo, el autor insiste en incluir tales detalles, tales referencias. ¿Nos da esto una impresión formal o familiar? ¿Hay otras referencias semejantes?

8 Trate de fijar la actitud del autor hacia el personaje que describe.

9 ¿Le gusta a usted Pedro Crespo? ¿Por qué?

10 ¿Hay muchas personas como Pedro Crespo en nuestra sociedad?

Cuarto Paso: Primeras Pruebas

1 Escoger un personaje, verdadero si es posible, que pueda prestarse a un tratamiento irónico y familiar.

2 Esbozar los rasgos sobresalientes del mundo en que vive el sujeto, pensando también en una manera indirecta, irónica, de caracterizar este mundo.

Quinto Paso: Creación

1 Terminar la composición en casa, teniendo en cuenta los rasgos típicos del modelo.

2 Vea la "M" del Abecedario si el modo subjuntivo le es un "atascadero."

11

Sexto Paso: Lectura

Lectura de los temas en clase.

Sugerencias

Nuestro trozo viene de *La cucaña*, autobiografía del novelista español, Camilo José Cela (Barcelona, Editorial Destino, 1959). Entre otras cosas, hay muchas descripciones de personajes interesantes, parientes del autor.

El título del primer tomo, *La rosa*, algo enigmático por cierto, se refiere a una canción de Frank L. Stanton que cita el autor en la página 9:

Sweetest little fellow, everybody knows.
Dunno what to call him, but he's mighty lak' a rose.

Como el trozo de la canción, fragmentario, el libro de Cela parece ser una serie de fragmentos. Pero da una impresión total de la vida y de los hombres de España durante la niñez del autor.

Cela es quizá el primer novelista español de la posguerra. Su novela más conocida, *La familia de Pascual Duarte*, está editada en forma de libro de texto (New York, Appleton-Century-Crofts, Inc., 1961).

Platero y yo

Juan Ramón Jíménez

I

Platero

Platero es pequeño, peludo, suave; tan blando por fuera, que se diría todo de algodón, que no lleva huesos. Sólo los espejos de azabache de sus ojos son duros cual[1] dos escarabajos de cristal negro.

Lo dejo suelto y se va al prado, y acaricia tibiamente con su hocico, rozándolas apenas, las florecillas rosas, celestes y gualdas . . . Lo llamo dulcemente: "¿Platero?" y viene a mí con un trotecillo alegre que parece que se ríe, en no sé qué cascabeleo ideal . . .

Come cuanto[2] le doy. Le gustan las naranjas mandarinas, las uvas moscateles, todas de ámbar; los higos morados, con su cristalina gotita de miel . . .

Es tierno y mimoso igual que un niño, que una niña . . . ; pero fuerte y seco por dentro como de piedra. Cuando paso sobre él, los domingos, por las últimas callejas del pueblo, los hombres del campo vestidos de limpio y despaciosos, se quedan mirándolo:

—Tien' asero . . .

Tiene acero. Acero y plata de luna, al mismo tiempo.

13

La novia

Toda la tarde es ya viento marino. Y el sol y el viento ¡dan un blando bienestar al corazón!

Platero me lleva, contento, ágil, dispuesto. Se dijera que no le peso. Subimos, como si fuésemos cuesta abajo, a la colina. A lo lejos, una cinta de mar, brillante, incolora, vibra, entre los últimos pinos, en un aspecto de paisaje isleño. En los prados verdes, allá abajo, saltan los asnos trabados de mata en mata.

Un estremecimiento sensual vaga por las cañadas. De pronto, Platero yergue las orejas, dilata las levantadas narices, replegándolas hasta los ojos y dejando ver las grandes habichuelas de sus dientes amarillos. Está respirando largamente, de los cuatro vientos, no sé qué honda esencia que debe transirle el corazón. Sí. Ahí tiene ya, en otra colina, fina y gris sobre el cielo azul, a la amada. Y dobles rebuznos sonoros y largos desbaratan con su trompetería la hora luminosa y caen luego en gemelas cataratas.

He tenido que contrariar los instintos amables de mi pobre Platero. La bella novia del campo lo ve pasar, triste como él, con sus ojazos de azabache cargados de estampas . . . ¡Inútil pregón misterioso, que ruedas brutalmente, como un instinto hecho carne libre, por las margaritas!

Y Platero trota indócil, intentando a cada instante volverse, con un reproche en su refrenado trotecillo menudo:

—Parece mentira, parece mentira, parece mentira . . .

Primer Paso: Comprensión

1 Lea el pasaje con cuidado y esté preparado a traducirlo en clase.

2 Esté preparado a caracterizar cada párrafo. ¿Qué propósito sirve cada párrafo?

3 ¿Qué importancia tiene la primera oración de cada párrafo? ¿Qué elementos tienen en común? ¿Cómo se diferencian una de otra?

4 Cuente brevemente, en una o dos frases si se puede, lo que pasa en los dos capítulos.

Segundo Paso: Estudio Gramatical

NOTAS

¹ **cual** literary substitution for **como** in similes.
² **cuanto** *all that.*

EJERCICIO

1 Juan Ramón Jiménez ha empleado muchos símiles en estos dos capítulos. El símil es una comparación entre dos cosas o seres. Generalmente los dos elementos se unen con las palabras **como, cual,** o **parece.** Busque unos símiles en el texto de esta lección.

2 Trate de componer unos símiles semejantes para la clase.

Tercer Paso: Discusión Estilística

1 Describa el efecto que la lectura de esta prosa le causa a usted. La impresión total que causa este trozo de prosa ¿es una de tristeza, de soledad, de alegría?

2 ¿Es la impresión que usted ha recibido más de sensaciones físicas o de evocaciones espirituales?

3 Discuta la sencillez de esta prosa. ¿Cuál es la primera palabra de este primer capítulo del libro? ¿Por qué tiene que ser la primera palabra de la obra?

4 ¿Cuáles son los personajes más importantes de la obra?

5 ¿Hay mucha acción o poca? ¿Por qué? ¿Quién narra la acción en la obra? Discuta el punto de vista del autor.

6 La realidad que vemos y sentimos en *Platero y yo* ¿es una realidad total o es una realidad fragmentada y parcial?

7 Haga una lista de las palabras en el pasaje que indican cosas pequeñas, delicadas, y suaves y otra lista de las palabras que indican cosas duras y fuertes. ¿Qué propósito sirve la yuxtaposición de estos dos grupos de palabras?

8 ¿Por cuáles medios logra Juan Ramón Jiménez la exactitud de las sensaciones y evocaciones poéticas?

9 En el capítulo llamado "La novia" Juan Ramón Jiménez nos narra un momento de un deseo que la gente suele llamar básico, vulgar, y hasta bestial. ¿Cuáles métodos ha usado para hacer de esta materia tan sensual algo delicado y poético?

10 ¿Qué tienen que ver con estos métodos la primera impresión que nos da Platero en el primer capítulo; la distancia entre él y la novia; la hora del día; las últimas palabras "parece mentira"?

Cuarto Paso: Primeras Pruebas

1 El trabajo que le toca a usted en esta ocasión es escribir algo poético empleando más o menos los mismos procedimientos que ha empleado Juan Ramón Jiménez.

2 Escoja un animal, persona, o cosa de la misma índole de Platero.

3 Déle a éste un nombre evocativo.

4 Meta a este animalito, o lo que sea, en un paisaje poético.

5 Vaya describiendo a este animalito en dos párrafos con palabras que van a hacer de él un conjunto de delicadeza y fuerza. Le conviene emplear muchos símiles.

6 Métase a sí mismo en el cuadro como amigo íntimo del animalito mimado, o lo que haya escogido para el tema, y vaya narrando la acción en primera persona.

7 Como en el modelo, el nombre del animalito mimado debe ser la primera palabra de la primera frase y debe repetirse a menudo.

8 Traiga los dos primeros párrafos a la clase para discutirlos con los demás alumnos. Siempre es importante ver si los demás alumnos reciben más o menos la misma impresión de sus dos primeros párrafos que han recibido de la prosa de Juan Ramón Jiménez.

9 Cuando esté creado el animalito, narre usted un pequeño incidente que suele ser bastante prosaico en la vida normal, tratando de hacerlo poético y delicado por los mismo métodos que ha usado Juan Ramón Jiménez.

Quinto Paso: Creación

1 Escriba dos capítulos cortos como los de *Platero y yo*.

2 En casa lea en voz alta los dos capítulos de *Platero y yo* y

16

después lea su composición. Pregúntese a sí mismo si los ritmos son más o menos iguales. Si Ud. no ha captado el ritmo de la prosa de Juan Ramón Jiménez trate de averiguar por qué y en cuanto le sea posible, corrija su propia prosa.

3 No se olvide de meter muchas sensaciones físicas en la composición.

Sexto Paso: Lectura

1 Lectura de los mejores temas en clase.
2 Lectura de la prosa de *Platero y yo* hecha por un profesional en disco o en cinta magnética, por los alumnos, o por el profesor.

Sugerencias

Platero y yo es una serie de pequeños poemas en prosa. Es un elogio de todo lo pequeño, lo humilde, lo tierno, lo sencillo, y lo momentáneo de Palos de Moguer donde Juan Ramón Jiménez pasó los primeros años de su vida. Son recuerdos de su juventud, que él revive poéticamente montado sobre el lomo de su amigo más fiel, Platero. Es un libro de sensaciones y sentimientos delicados y fugitivos que el poeta comparte con su amigo, que todo lo capta, siente, y comprende sin destruir nada con la torpeza de la palabra vulgar y rutinaria.

Si a usted le ha gustado la lectura de la prosa poética de Juan Ramón Jiménez, debe ir a la biblioteca para leer algo más de su poesía y quizás para aprender algo de su vida. Ganó el premio Nóbel de la literatura en 1956.

La ciudad de la niebla

Pío Baroja

Estaba contemplando desde la borda el despertar del día. Mi
padre dormitaba[1] después de muchas horas de mareo.

El barco iba dejando[2] una gran estela blanca en el mar, la
máquina zumbaba en las entrañas del vapor, y salían de las
chimeneas nubes de chispas.

Era el amanecer; la bruma despegada de las aguas formaba
una cubierta gris a pocos metros de altura. Brillaban a veces
en la costa largas filas de focos eléctricos reflejados en el mar
de color de acero. Las gaviotas y los petreles lanzaban su grito
sobre las olas espumosas y levantaban el vuelo hasta perderse
de vista.

Tras de una hora de respirar el aire libre, bajé a la cámara a
ver cómo seguía mi padre.

—Vamos, anímate—le dije, viéndole despierto—. Ya estamos
cerca de la desembocadura del Támesis.

—A mí me parece que no vamos a llegar nunca—contestó él
con voz quejumbrosa.

—Pues ya no nos debe faltar nada.

—Pregunta a ver lo que nos queda todavía, y cuando ya
estemos cerca de veras, avísame.

—Bueno.

Volví sobre cubierta. Se deshacía la bruma; la costa avanzaba
en el mar formando una lengua de tierra, y en ésta se veía un
pueblo; un pueblo negro con una gran torre, en la niebla
vaporosa de la mañana. La costa continuaba después en un

18

acantilado liso y de color de ceniza; sobre las piedras amonto-nadas al pie, monstruos negruzcos dormidos en las aguas, las olas se rompían en espuma, el mar sin color se confundía con el cielo, también incoloro.

El barco cambió de rumbo costeando, bailó de derecha a izquierda, oscilaron violentamente en el interior las lámparas eléctricas y poco después el mar quedó sereno y el barco avanzó suavemente y sin balancearse.

. . .

Clareaba ya cuando comenzamos a remontar el Támesis; el río, de color de plomo, se iba abriendo y mostrando su ancha superficie bajo un cielo opaco y gris. En las orillas lejanas, envueltas en bruma, no se distinguían aún ni árboles, ni casas. A cada momento pasaban haciendo sonar sus roncas sirenas grandes barcos negros, uno tras otro.

. . .

Pasamos por delante de algunos pueblos ribereños. Las vueltas del río producían una extraña ilusión, la de ver una fila de barcos que avanzaban echando² humo por entre las casas y los árboles.

El río se estrechaba más, el día clareaba, se veían ya con precisión las dos orillas, y seguían pasando² barcos continua-mente.

—¿Hemos llegado?—pregunté yo a un marinero.

—Dentro de un momento. Todavía faltan nueve millas para la Aduana.

Avisé a papá y le ayudé a subir sobre cubierta. Estaba un poco pálido y desencajado.

El *Clyde* aminoraba la marcha. En el muelle de Greenwich, viejos marineros, con traje azul y clásica sotabarba, apoyados en un barandado que daba al río, contemplaban el ir y venir de los barcos.

Primer Paso: Comprensión

1 Lea con cuidado el trozo, fijándose especialmente en la serie, en la sucesión de escenas o de acontecimientos.

2 Traduzca el trozo al inglés.

3 Apunte las dificultades léxicas y gramaticales.

Segundo Paso: Estudio Gramatical

NOTAS

[1] **dormitaba** The imperfect tense is used to describe scenes or situations in the past; the preterite, to narrate actions.

[2] **iba dejando; avanzaban echando; seguían pasando** The present participle may be used following a number of auxiliary verbs, not only **estar.**

EJERCICIO

1 Subraye los verbos en el imperfecto, como **dormitaba**, explicando el uso del imperfecto según los principios de la gramática.

2 Señale con una flecha los verbos en el pretérito, como **bajé**, siguiendo las instrucciones de ejercicio #1.

3 Haga una lista de verbos, como **estar, ir,** y otros verbos de movimiento, que se puedan usar con el gerundio. Vea la nota #2. Vea también la "S" del Abecedario para repasar el uso de **ser** y **estar.**

Tercer Paso: Discusión Estilística

1 ¿Son las frases largas o cortas? ¿Y los párrafos?

2 ¿Qué efecto produce en nosotros, los lectores, la ilusión óptica?

3 ¿Por qué la emplea Baroja?

4 ¿Siente que la escena descrita por el autor es algo real, algo que él mismo ha visto?

5 ¿Le gustó o no el pasaje?

6 ¿Qué otros procedimientos artísticos ha empleado Baroja?

7 De los cinco sentidos humanos ¿cuántos salen en este pasaje?

8 ¿Hay más descripción o más narración en el pasaje?

9 De los tiempos verbales ¿cuál se emplea más, el pretérito o el imperfecto? ¿Por qué?

10 Baroja ha visto todo esto desde un barco que se movía.

¿Qué otras posibilidades hay para ver escenas desde algo que se mueve? ¿Cuáles son las ventajas o desventajas?

Cuarto Paso: Primeras Pruebas

1 Para usted el trabajo principal será el de escribir un tema describiendo la entrada en alguna escena desde algo que se mueve, imitando en todo lo posible los mismos procedimientos que Baroja ha empleado aquí, y empleando también el imperfecto, el gerundio, y el pretérito.

2 Escogida la escena, debe pensar en la primera frase. No se olvide del modelo.

3 Prepare el primer párrafo, o los dos primeros párrafos, ya que son muy cortos.

4 Traiga todo esto a la clase para discutir las escenas, las primeras frases, y los párrafos con los otros miembros de la clase y con el profesor. Algunos miembros tendrán que ponerlos en la pizarra.

Quinto Paso: Creación

1 Termine el tema utilizando lo que ha aprendido de las discusiones en la clase y de las observaciones del profesor.

2 Practique la lectura de su tema en casa.

3 No se olvide de usar mucho vocabulario de la selección, sobre todo los verbos.

4 Cuando el profesor le devuelva su tema con sus debidas correcciones, debe corregirlo y perfeccionarlo debidamente. Puede ser que él se lo pida después.

Sexto Paso: Lectura

Lectura de los mejores temas en clase después de corregirlos.

Sugerencias

Las novelas de don Pío Baroja son fáciles de leer. Para el estudiante de español es un verdadero placer leer su prosa clara y precisa. Algunas de sus mejores novelas son *El árbol de la ciencia, Camino de perfección, El mundo es ansí, El mayo-*

razgo de Labraz. Estas novelas y muchas otras han sido traducidas al inglés.

En *La ciudad de la niebla* Aracil y su hija llegan a Londres perseguidos a causa de una intriga política. Baroja los coloca allá en aquel ambiente extraño y triste para probar su fuerza y revelar su esencia humana. El señor Aracil no lucha; fracasa porque es débil. Su hija sabe ser fuerte, y lucha, pero al fin decide volver a Madrid para casarse y vivir tranquila. Mucho del interés de la novela radica en los centenares de personajes—todas pequeñas islas humanas flotando en la niebla de Londres—y las escenas de Londres vistas através de la sensibilidad de la joven María Aracil.

Antes de morir Baroja en 1957, Ernest Hemingway le trajo unos regalos y le llamó su maestro en el arte de escribir. Resulta sumamente interesante comparar la técnica novelística de los dos.

La guitarra

Miguel del Castillo

He nacido[1] en Galicia. Galicia es una región de España. Una región verde. Con colinas verdeantes, prados, bosques y bosquecillos, con vacas en los prados y bruma sobre las colinas. Es pintura lo que hago en este momento, porque me es preciso[2] hacerte ver las cosas. La niebla se desprende de la cima de las colinas. Es como si las colinas ardieran con un fuego interior y místico. Por otra parte, ¿no arden quizá? . . . Todo arde sobre la tierra. Nosotros también. Esas colinas de pendientes suaves se extienden hasta la mar: hasta el infinito.

Sin embargo, nuestro horizonte está limitado por las verdes colinas y por la bruma que se desliza sobre ellas. La mar se halla más allá, muy lejos. No demasiado. Treinta o cuarenta kilómetros. Algunas vueltas de rueda. Pero cuarenta kilómetros ¿no es un "infinito"? ¡Trata de imaginar "toda" la cantidad de cosas que puede haber[3] en esos cuarenta kilómetros! . . . Pero no, no puedes. Te espantarías y yo no quiero que comiences espantándote.

¡La mar! . . . Aquí es preciso que te la imagines violenta, pero amorosa, tal como una divinidad de la mitología. Lame los peñascos con su blanca espuma, se arrastra, se desliza, se introduce, asciende, desciende, vuelve a subir; con sus largas olas acaricia al áspero y macho peñasco, le habla al oído y, despechada al fin, se rompe en un estertor de amor, como, según dicen, el corazón se rompe de deseo insaciado. Pero no se da por vencida. Vuelve de nuevo a la carga y consigue pene-

trar y romper a ese macho que la rechaza. A lo lejos, jirones de
ese peñasco lamentan su soledad. Cuando la mar se muestra
demasiado amorosa o demasiado celosa y asciende y brama, se
engulle a esos jirones separados y los hace desaparecer en su
seno.

¿Ves Galicia ahora? Hay las verdes colinas, los prados, la
bruma, y los peñascos que luchan contra la mar. Es necesario
ver bien eso, imaginarlo bien, para comprender bien el alma de
sus habitantes. Porque son de Galicia . . . Ser "de" alguna
parte, ¿has pensado en ello? Es importante. Pero en este cuadro
falta algo. Si has estudiado la geografía, lo sabes: son las rías.
Nuestra región no tiene ríos, sino apenas algunos afluentes.
Pero hay las rías. Estas son brazos de mar más anchos que
largos. Exagero: pero no importa . . . Las rías son muy
anchas. La otra orilla no se percibe sino como en un sueño . . .
Acabemos, pues, nuestro cuadro: dos colinas verdes; en medio
un valle muy ancho en el cual penetra la mar y, cuarenta kilómetros más lejos, unos peñascos indómitos y una mar celosa
que todos los días se muere de amor sin morir jamás.

Primer Paso: Comprensión

1 Lea con cuidado, preparándose para hacer una traducción
exacta al inglés.
2 Escriba una traducción del primer y del último párrafo.
Apunte las palabras y expresiones difíciles para estudiar en
clase.

Segundo Paso: Estudio Gramatical

NOTAS

[1] **he nacido**   literary substitution for **nací.**
[2] **me es preciso**   *it is necessary for me; I must.*
[3] **puede haber**   *there can be.*

EJERCICIO

1 Muchas expresiones como *it is necessary for me* se expresan
con el pronombre **me, te,** etc., y no con la preposición **para.**

Siguiendo el modelo de la nota #2, traduzca las frases siguientes: *it is difficult for me; it is easy for him; it is convenient for us.*

2 Agregue otras expresiones semejantes.

3 No olvide que el verbo **haber** se usa en español en un sentido algo especial: **había** *there was, there were;* **hay** *there is, there are;* etc. Usando la palabra *there,* traduzca estas expresiones: **debe haber, tiene que haber, va a haber, habrá, ha habido.**

Tercer Paso: Discusión Estilística

1 ¿Cuál es el efecto total que da la lectura de este trozo—soledad, tristeza, nostalgia, confusión, orgullo, violencia, dureza?

2 Discuta el punto de vista del autor.

3 Dése cuenta del tono familiar, logrado por el uso del tuteo: **hacerte, trata (tú), imagina,** etc.

4 Otro aspecto del tono familiar se nota en las meditaciones o pensamientos íntimos del escritor que se encuentran en todo el trozo.

5 Escoja y comente algunos ejemplos.

6 Vuelva a leer todo el trozo, fijándose bien, en cada párrafo, en lo que contribuye al efecto total.

7 ¿Cuáles son algunas divisiones del trozo? Ejemplos: introducción del tema; nuevos aspectos o variaciones del tema; descripción detallada de la mar (o del mar); resúmenes o recapitulaciones del tema.

8 Debe notar lo largas o cortas que son las frases.

9 No debe olvidar los fragmentos, las frases incompletas.

10 ¿También los fragmentos contribuyen al tono familiar del trozo?

Cuarto Paso: Primeras Pruebas

1 Escoger un tema, una región adecuada. Apuntar los puntos principales de una descripción física, y también de una descripción espiritual, de unas meditaciones. La región puede ser verdadera, de experiencia personal, o puede ser imaginada (la luna, pongamos por caso).

2 Escriba el primer párrafo, teniendo en cuenta los detalles concretos, las meditaciones, y el tono íntimo.

3 Si el profesor quiere, algunos estudiantes pueden escribir el primer párrafo en la pizarra para aprovechar el comentario de la clase.

Quinto Paso: Creación

1 Ahora puede terminar la composición, siguiendo el modelo. La composición puede ser una imitación fiel, casi una copia, del original; también puede ser un esfuerzo literario de cierta independencia, siempre respetando el espíritu del original.

2 Vea la "R" del Abecedario antes de escribir de razas, nacionalidades, etc.

Sexto Paso: Lectura

1 Leer la composición, en parte o en su totalidad, indicando el profesor los errores de gramática, pero también señalando los aciertos literarios.

2 El estudiante debe entender sus errores, como siempre, apuntándolos, junto con las formas correctas, en un cuaderno o una carpeta especial.

Sugerencias

Este trozo viene de una novela de Miguel del Castillo, *La guitarra* (Barcelona, Luis de Caralt, 1960). El autor, español que vive en Francia, vivió en el exilio, encerrado en un campo de concentración y en prisiones de guerra, gran parte de su niñez y juventud (1936–1945). Sabiendo esto, ¿comprendemos mejor el trozo?

La guitarra es la historia desesperada de un ser completamente solo, la historia de un enano deforme de una fealdad increíble. Una guitarra es su única y fiel compañera.

La primera novela de este autor se ha publicado en inglés en forma de "paperback": *Tanguy: Child of Our Time* (New York, Dell, No. D319, 1958). Cuenta la trágica vida de un niño, enredado y atormentado, como Anne Frank, en los conflictos de sus mayores.

Una mujer vista por fuera

Pedro Antonio de Alarcón

La última y acaso la más poderosa razón que tenía el señorío de la ciudad para frecuentar por las tardes el molino del tío Lucas, era que, así los clérigos como los seglares, empezando por el señor obispo y el señor corregidor, podían contemplar allí a sus anchas una de las obras más bellas, graciosas y admirables que hayan salido jamás de las manos de Dios, llamado entonces el Ser Supremo por Jovellanos y toda la escuela afrancesada de nuestro país.

Esta obra se denominaba "la señá Frasquita."

Empiezo por responderos de que la señá Frasquita, legítima esposa del tío Lucas, era una mujer de bien, y de que así lo sabían todos los ilustres visitantes del molino. Digo más; ninguno de éstos daba muestras de considerarla con ojos de varón ni con trastienda pecaminosa. Admirábanla,[1] sí, y requebrábanla[1] en ocasiones (delante de su marido, por supuesto), lo mismo los frailes que los caballeros, los canónigos que los golillas, como un prodigio de belleza que honraba a su Criador, y como una diablesa de travesura y coquetería, que alegraba inocentemente los espíritus más melancólicos. —Es un hermoso animal—solía decir el virtuosísimo prelado. —Es la estatua de la antigüedad helénica—observaba un abogado muy erudito, académico correspondiente de la Historia. —Es la propia estampa de Eva—prorrumpía el prior de los franciscanos. —Es una real moza—exclamaba el coronel de milicias. —Es una sierpe, una sirena, ¡un demonio!—añadía el corregidor. —Pero es una buena mujer, es un ángel, es una criatura, es una chiquilla de cuatro años—acababan por decir todos, al regresar del molino atiborrados de uvas o de nueces, en busca de sus tétricos y metódicos hogares.

La chiquilla de cuatro años, esto es, la señá Frasquita, frisaría en los treinta. Tenía más de dos varas de estatura, y era recia a proporción, o quizás más gruesa todavía de lo correspondiente a su arrogante talla. Parecía una Niobe colosal, y eso que[2] no había tenido hijos; parecía un Hércules hembra, parecía una matrona romana de las que aún hay ejemplares en el Trastevere. Pero lo más notable en ella era la movilidad, la ligereza, la animación, la gracia de su respetable mole. Para ser una estatua como pretendía el académico, le faltaba el reposo monumental. Se cimbraba como un junco, giraba como una veleta, bailaba como una peonza. Su rostro era más movible todavía, y, por tanto, menos escultural. Avivábanlo[1] donosamente hasta cinco hoyuelos: dos en una mejilla; otro en otra; otro, muy chico, cerca de la comisura izquierda de sus rientes labios, y el último, muy grande, en medio de su redonda barba. Añadid a esto los picarescos mohines, los graciosos guiños y las variadas posturas de cabeza que amenizaban su conversación y formaréis idea de aquella cara llena de sal y de hermosura y radiante siempre de salud y de alegría.

Primer Paso: Comprensión

1 La lectura en voz alta de esta prosa española debe efectuarse en tono optimista, con voz fuerte, y con las pausas bien marcadas.
2 Si usted entiende bien esta prosa, será capaz de resumir los atributos más sobresalientes de la señá Frasquita en muy pocas palabras.
3 Trate de fijar bien la personalidad de los hombres que la rodean.

Segundo Paso: Estudio Gramatical

NOTAS

[1] **admirábanla; requebrábanla; avivábanlo** literary substitutions for **la admiraban, la requebraban, lo avivaban.**
[2] **y eso que** in spite of the fact that.

EJERCICIO

1 La fórmula explicada en la nota #1 anterior se usa principalmente para comenzar una frase. Escriba varias frases semejantes, usando la forma corriente en vez de la forma literaria; por ejemplo, **me dijeron** en vez de **dijéronme.**

2 Nótese el uso del acento escrito en esas expresiones. Repase, si es necesario, las reglas de la acentuación:

a. Las palabras que terminan en vocal, en **n** o en **s** llevan el acento *hablado* (el énfasis de la voz) en la penúltima sílaba. Ejemplos: **gana, ganan, libro, libros.**

b. Las palabras que terminan en consonante que no sea la **n** o la **s** llevan el acento hablado en la última sílaba. Ejemplos: **papel, estimar, Paraguay.**

c. Las palabras que no siguen estas reglas llevan acento *escrito* sobre la sílaba fuerte. Ejemplos: **último, dígalo, lápiz, cárcel, después, encontró.**

d. Casos especiales: donde hay combinaciones de la **i** o de la **u** con otra vocal (**a, e, o**), si la **i** o la **u** lleva el acento hablado, tiene que llevar también el acento escrito. Ejemplos: **tenía, baúl, continúa.**

3 Lea el primer párrafo de nuestra selección, subrayando la vocal acentuada en cada caso. Indique también la regla aplicable. Ejemplos: s**é**ptima (c), oc**a**so (a), seguri**d**ad (b). Hay algunas palabras monosílabas, como **más,** que llevan acento escrito sólo por razones de distinción: **más** *more,* **mas** *but;* **él** *he,* **el** *the;* **sí** *yes,* **si** *if.*

Tercer Paso: Discusión Estilística

1 ¿Cuál es la actitud, o sea el punto de vista, de Pedro Antonio de Alarcón hacia la mujer que describe? ¿Es su actitud afirmativa o negativa?

29

2 ¿Está de buen humor Alarcón cuando escribe este trozo?

3 Los distintos admiradores de la señá Frasquita se valen de muchas metáforas para expresar su opinión de ella. ¿Pueden dividirse estas metáforas en dos grupos?

4 ¿Revelan estas metáforas algo de la personalidad del hombre que las emplea?

5 Discuta usted los símiles que se encuentran en el cuarto párrafo. ¿Pueden, también, dividirse en dos grupos?

6 ¿Nos retrata primero Alarcón el cuerpo o la cara de la señá Frasquita? ¿Por qué?

7 Hollywood ha hecho una película, *The Miller's Beautiful Wife,* basada en esta novela. En la película Sophia Loren hace el papel de la señá Frasquita. ¿Se parece ella a la mujer que la prosa de Alarcón ha creado aquí? ¿Cómo?

8 Hable usted sobre lo divino y lo humano en este pasaje.

9 ¿Le deja a usted esta selección de prosa la impresión de que Alarcón es un hombre que cree en España, en su religión, en sus costumbres, en su política, y en la belleza física y moral de sus mujeres?

Cuarto Paso: Primeras Pruebas

1 Usted tiene la muy agradable tarea de describir a una mujer guapa. También es lícito describir a un hombre. El trabajo del primer párrafo será meter a esta persona, a esta bella creación de Dios, entre un grupo de admiradores.

2 Si quiere, este primer párrafo puede ser un elogio abstracto y un poco hiperbólico de la belleza de esta persona, guardando los detalles concretos para después.

Quinto Paso: Creación

1 Recuerde que el sujeto de este tema es una persona vista por fuera. No debe entrar en su condición moral. Es importante recordar también que la persona a quien describe debe ser gente madura con esta combinación deliciosa de lo angélico y lo travieso.

2 No se olvide de ejemplificar todo esto con toques concretos, valiéndose siempre del vocabulario del texto.

Lectura de los temas en la clase.

Sugerencias

El sombrero de tres picos es uno de los cuentos más divertidos de toda la literatura universal. Puede leerse en la edición de Ernest Herman Hespelt (Boston, D. C. Heath and Company, 1958). Un corregidor libertino quiere seducir a una molinera atractiva mediante el engaño. El molinero decide pagarle al corregidor con su propia moneda. Se viste con su ropa y va a ver a la corregidora. Felizmente ninguno logra seducir a la mujer del otro, pero los acontecimientos forman un relato muy divertido que se cuenta con mucha gracia.

Lo fatal

Azorín (José Martínez Ruíz)

Lo primero que se encuentra[1] al entrar en la casa—lo ha contado el autor desconocido de *El lazarillo*—es un patizuelo empedrado de menudos y blancos guijos.[2] Las paredes son blancas, encaladas. Al fondo hay una puertecilla. Franqueadla: veréis una ancha pieza con las paredes también blancas y desnudas. Ni tapices, ni armarios, ni mesas, ni sillas. Nada; todo está desnudo, blanco y desierto. Allá arriba, en las anchas cámaras, no se ven[1] tampoco muebles; las ventanas están siempre cerradas; nadie pone los pies en aquellas estancias; por las hendiduras y rendijas de las maderas—ya carcomidas y alabeadas—entran sutilísimos hilillos de claridad vivísima que marcan, en las horas del sol, unas franjas luminosas sobre el pavimento de ladrillos rojizos. Cerradas están asimismo, en lo más alto[3] de la casa, las ventanas del sobrado. Un patinillo, en que crecen hierbajos verdes entre las junturas de las losas, se abre[1] en el centro de la casa.

Por la mañana, a mediodía y al ocaso, resuenan leves pisadas en las estancias del piso bajo. Hablan un hidalgo y un mozuelo. El hidalgo se halla[1] sentado en un poyo del patio; el mozuelo, frente a él, va comiendo unos mendrugos de pan que ha sacado del seno. Tanta es la avidez con que el rapaz yanta, que el hidalgo sonríe y le pregunta si tan sabroso, tan exquisito es el pan que come. Asegura el muchacho que de veras tales mendrugos son excelentes, y entonces el hidalgo, sonriendo como

32

por broma—mientras hay una inenarrable amargura allá en lo más íntimo de su ser—le toma un mendrugo al muchachito y comienza a comer.

Ya las campanas de la catedral han dejado caer sobre la vieja y noble ciudad las sonorosas, lentas campanadas del mediodía. Todo es silencio y paz; en el patio, allá en lo alto, entre las cuatro nítidas paredes, fulge un pedazo de intenso cielo azul. Viene de las callejas el grito lejano de un vendedor; torna luego más denso, más profundo, el reposo. El hidalgo, a media tarde, se ciñe el talabarte, se coloca sobre los hombros la capa y abre la puerta. Antes ha sacado la espada—una fina, centelleante, ondulante espada toledana—y la ha hecho vibrar en el aire, ante los ojos asombrados, admirativos, del mozuelo. Cuando nuestro hidalgo se pone en el umbral, se planta la mano derecha en la cadera y con la siniestra puesta en el puño de la espada comienza a andar, reposada y airosamente, calle arriba. Los ojos del mozuelo le siguen hasta que desaparece por la esquina; este rapaz siente por su señor un profundo cariño. Sí, él sabe que es pobre; pero sabe también que es bueno, noble, leal y que si las casas y palomares que tiene allá en Valladolid, en lugar de estar caídos estuvieran en buen estado, su amo podría pasearse a estas horas en carroza y su casa podría estar colgada de ricos tapices y alhajada con soberbios muebles.

Prímer Paso: Comprensión

1 Escriba la traducción de las primeras seis oraciones tratando de conservar el mismo ritmo, la misma sencillez. No ponga verbos donde no los ha puesto Azorín.
2 Al completar la traducción mental del trozo haga una lista de las palabras que son difíciles de traducir.
3 No se olvide de que es responsable por todas las palabras.
4 Practique la lectura de este pasaje de Azorín en casa. Esa lectura debe ser lenta, las pausas largas.

Segundo Paso: Estudio Gramatical

NOTAS

[1] **se encuentra** *is found;* **se ven** *are seen;* **se abre** *is opened,* or here, *opens;* **se halla** *is found* or *is.*

[2] **menudos y blancos guijos** Descriptive adjectives may precede the noun they modify in poetic passages.

[3] **lo más alto** *the highest part.*

EJERCICIO

1 La forma reflexiva se usa en español muchas veces para expresar lo que se expresa con la voz pasiva en inglés. No es error hablar de lo que **fue encontrado,** por ejemplo, pero suena mejor hablar de lo que **se encontró.**
Cuando tenemos la palabra *by* en inglés se emplea la voz pasiva. Tiene tres partes: el verbo **ser,** el participio pasado que concuerda con el número y género del sujeto, y la preposición **por.** Ejemplo: **Las cartas fueron escritas por ellas.**
Haga una lista de expresiones comunes, empleando la forma reflexiva, semejantes a las que usa Azorín en esta selección. No se emplea **por.**

2 Señale las expresiones empleando **lo más** con adjetivo en esta selección.

3 Haga una lista de las traducciones posibles de estas expresiones.

Tercer Paso: Discusión Estilística

1 ¿Cuál es el rasgo más sobresaliente de esta prosa? ¿Qué efecto produce?

2 ¿Cómo logra Azorín el ritmo lento de su prosa?

3 ¿Qué efecto rítmico tienen las enumeraciones de los adjetivos y de los nombres?

4 ¿Indican los verbos una acción (como en el trozo de Baroja) o sencillamente una existencia?

5 ¿Cuál es el punto de vista del autor y cómo presenta el cuadro?

6 ¿Cuál es nuestro punto de vista, el punto de vista del lector?

7 Cuando nos describe esta escena que viene de la novela picaresca *Lazarillo de Tormes* ¿sentimos que estamos en el tiempo presente o en el tiempo pasado, o sentimos que estamos en los dos tiempos a la vez?

8 ¿Pasarán en el futuro cosas que han pasado y que pasan en esta escena? En este sentido ¿qué significa el título de este trozo?

9 ¿Cuántos objetos hay en el cuarto del hidalgo?

10 ¿Cuántos no hay que deben haber? ¿Qué nos dicen estos objetos y la falta de ellos del carácter del hidalgo?

Cuarto Paso: Primeras Pruebas

1 Escoja una obra de arte o una escena literaria que pueda servir como tema de su descripción. Debe usted escoger una obra de arte del pasado, como lo ha hecho Azorín, y hacer que el lector suyo la vea en en el tiempo presente. El objeto puede ser una pintura, una escultura, una escena de una novela famosa. Siendo posible, debe ser bastante bien conocida y sentida por la mayoría de la gente y debe ser del pasado.

2 Trate de captar la impresión que esta obra le causa a usted. Para este caso es mejor una cosa que le causa un poco de tristeza o de melancolía.

ALTERNATIVA

1 Primero debe hacer en un párrafo una descripción del sujeto que ha escogido en un estilo corriente o en el estilo que usted generalmente emplea. Si no puede encontrar un tema artístico adecuado para desarrollar, puede describir una habitación tratando de captar la sensación de tristeza y de la fatalidad del tiempo que pasa.

2 Ahora debe cambiar este párrafo al estilo de Azorín, marcando bien las pausas, empleando verbos que indican existencia y no movimiento.

3 Para la primera frase debe escoger una frase bien sencilla, una frase que podrá repetir, cambiándola ligeramente si quiere para el comienzo del segundo párrafo. Como ejemplo de este proceder en la prosa de Azorín vea el siguiente trozo de "El mar."

Un poeta que vivía junto al Mediterráneo ha plañido a Castilla *porque no puede ver el mar.* Hace siglos otro poeta—el autor del *Poema del Cid*—llevaba a la mujer y a las hijas de Rodrigo Díaz desde el corazón de Castilla a Valencia; allí, desde una torre, las hacía contemplar—seguramente por primera vez—el mar.

> Miran Valencia como iaz la cibdad,
> E del otra parte a ojo han el mar.*
> No puede ver el mar la solitaria y melancólica Castilla.
> . . . .
> No puede ver el mar la vieja Castilla.

Quinto Paso: Creación

1 Termine el tema. No se olvide usted de marcar bien las pausas, hacer las series de adjetivos y nombres largas y no interrumpidas por la **y griega.** También debe concentrar en la unión de los tres tiempos: el pasado, el presente, y el futuro.

2 Practique la lectura de su tema en casa. Note que la voz debe descender mucho en todas las pausas y que la lectura debe ser bien lenta.

3 Trate de escuchar un disco o una cinta magnética de la lectura de una prosa azoriniana.

Sexto Paso: Lectura

Lectura y corrección de los temas en clase.

Sugerencias

Será de mucho interés leer el capítulo de *Lazarillo de Tormes* (de un autor anónimo) que es el modelo para "Lo fatal" de Azorín. Como podemos ver, el modelo literario sirve muchas veces como punto de partida para las creaciones de los más grandes escritores.

* And they look at Valencia and how the city lies,
  And in another direction they have the view of the sea.

"Lo fatal" se encuentra en un hermoso libro de Azorín llamado sencillamente *Castilla* (Madrid, Biblioteca Nueva, 1951). El libro es una colección de ensayos, o evocaciones en prosa, basada en el paisaje y en el espíritu de Castilla. Otro ensayo de este libro que podemos recomendar es "Las nubes," una versión azoriniana de *La Celestina.*

Los de abajo

Mariano Azuela

Fue una verdadera mañana de nupcias. Había llovido la víspera toda la noche y el cielo amanecía entoldado de blancas nubes. Por la cima de la sierra trotaban potrillos brutos de crines alzadas y colas tensas, gallardos con la gallardía de los picachos que levantan su cabeza hasta besar las nubes.

Los soldados caminan por el abrupto peñascal contagiados de la alegría de la mañana. Nadie piensa en la artera bala que puede estarlo esperando más adelante. La gran alegría de la partida estriba cabalmente en lo imprevisto. Y por eso los soldados cantan, y ríen y charlan locamente. En su alma rebulle el alma de las viejas tribus nómadas. Nada importa saber adónde van y de dónde vienen; lo necesario es caminar, caminar siempre, no estacionarse jamás; ser dueños del valle, de las planicies, de la sierra y de todo lo que la vista abarca.

Árboles, cactus y helechos, todo aparece acabado de lavar.[1] Las rocas, que muestran su ocre como el orín de las viejas armaduras, vierten gruesas gotas de agua transparente.

Los hombres de Macías hacen silencio un momento. Parece que han escuchado un ruido conocido: el estallar lejano de un cohete; pero pasan algunos minutos y nada se vuelve a oír.[2]

—En esta misma sierra—dice Demetrio—, yo, sólo con veinte hombres, les hice más de quinientas bajas a los federales[3] . . . ¿Se acuerda, compadre Anastasio?

Y cuando Demetrio comienza a referir aquel famoso hecho de armas, la gente se da cuenta del grave peligro que va

38

corriendo. ¿Conque si el enemigo, en vez de estar a dos días de camino todavía les fuera resultando[4] escondido entre las malezas de aquel formidable barranco, por cuyo fondo se han aventurado? Pero ¿quién sería capaz de revelar su miedo? ¿Cuándo los hombres de Demetrio Macías dijeron: "Por aquí no caminamos?"

Y cuando comienza un tiroteo lejano, donde va la vanguardia, ni siquiera se sorprenden ya. Los reclutas vuelven grupas en desenfrenada fuga buscando la salida del cañón. Una maldición se escapa de la garganta seca de Demetrio:

—¡Fuego! . . . ¡ Fuego sobre los que corran! . . .

—¡A quitarles las alturas!—ruge después como una fiera.

Pero el enemigo, escondido a millaradas, desgrana sus ametralladoras, y los hombres de Demetrio caen como espigas cortadas por la hoz.

Demetrio derrama lágrimas de rabia y de dolor cuando Anastasio resbala lentamente de su caballo, sin exhalar una queja, y se queda tendido, inmóvil. Venancio cae a su lado, con el pecho horriblemente abierto por la ametralladora, y el Meco se desbarranca y rueda al fondo del abismo. De repente Demetrio se encuentra solo. Las balas zumban en sus oídos como una granizada. Desmonta, arrástrase por las rocas hasta encontrar un parapeto, coloca una piedra que le defienda la cabeza y, pecho a tierra, comienza a disparar.

El enemigo se disemina, persiguiendo a los raros fugitivos que quedan ocultos entre los chaparros.

Demetrio apunta y no yerra un solo tiro . . . ¡Paf! . . . ¡Paf! . . . ¡Paf! . . .

Su puntería famosa lo llena de regocijo; donde pone el ojo pone la bala. Se acaba un cargador y mete otro nuevo. Y apunta. . . .

El humo de la fusilería no acaba de extinguirse.[5] Las cigarras entonan su canto imperturbable y misterioso; las palomas cantan con dulzura en las rinconadas de las rocas; ramonean apaciblemente las vacas.

La sierra está de gala; sobre sus cúspides inaccesibles cae la niebla albísima como un crespón de nieve sobre la cabeza de una novia.

Y al pie de una resquebrajadura enorme y suntuosa como pórtico de vieja catedral, Demetrio Macías, con los ojos fijos para siempre sigue apuntando con el cañón de su fusil. . . .

Primer Paso: Comprensión

Leer con cuidado y varias veces. Fijarse en el significado exacto de las palabras, no sólo en el significado literal sino también en el sentido literario que el autor quiere darles (por ejemplo, palabras como **nupcias** y **besar**, en el primer párrafo).

Segundo Paso: Estudio Gramatical

NOTAS

[1] **acabado de lavar**   *just washed.*
[2] **se vuelve a oir**   *is heard again.*
[3] **los federales**   the military forces opposed to Pancho Villa.
[4] **si . . . fuera resultando**   *if . . . turned out to be.*
[5] **no acaba de extinguirse**   *has not completely disappeared.*

EJERCICIO

1 En la expresión **acabado de lavar** la palabra **acabado** se emplea como adjetivo que modifica el pronombre **todo**. Compárense los siguientes pares de expresiones semejantes:

Preparé la lección.	**La lección está preparada.**
Se vendieron los coches.	**Los coches están vendidos.**
Parece que alguien acaba de lavarlo todo.	**Todo parece acabado de lavar.**

2 De manera semejante, en la expresión **volvió a pronunciar la palabra** el participio pasado de **volver** puede emplearse como adjetivo. Por ejemplo: **la palabra, pronunciada por segunda vez** puede ser **la palabra, vuelta a pronunciar.**

3 **Ir** (y otros verbos de movimiento) con el gerundio indica generalmente una acción en progreso: **los invitados van llegando**, etc. En nuestra lección el autor, al preguntar si

el enemigo **fuera resultando escondido,** quiere sugerir la actitud de los soldados que, al ir avanzando, se dan cuenta de que el enemigo resulta escondido.

4 **No acabar de** con infinitivo puede equivaler a **no llegar a** con infinitivo, o al tiempo perfecto. Nótese: **el humo no se ha extinguido; el humo no llega a extinguirse; el humo no acaba de extinguirse.**

5 Nótese bien: la expresión **acabar de** con infinitivo, en sentido positivo, se emplea de una manera bien distinta. Por ejemplo: **acabo de llegar** *I have just arrived.* Vea la "I" del Abecedario.

6 Como ejercicio sumamente útil, haga una lista personal de expresiones semejantes a las explicadas en esta sección. Emplee algunas de estas expresiones en su composición.

Tercer Paso: Discusión Estilística

1 ¿Cuál es la impresión total que da la lectura de este trozo? Posibilidades: alegría, paz, desesperación, heroísmo, fatalismo, hermosura o fealdad física o espiritual, etc.

2 Fijándose el lector en cada párrafo (o grupo de párrafos) ¿es posible expresar en breves palabras lo que contribuye cada párrafo (o grupo de párrafos) a la impresión total? Por ejemplo, el primer párrafo sugiere pureza, limpieza, con animación. El segundo continúa, agregando las figuras humanas y su sentimiento de alegría forzada.

3 ¿Cuáles son las palabras, los conceptos principales?

4 En los párrafos que siguen ¿cómo van cambiando estas impresiones?

5 Compárense los últimos tres párrafos con el primero.

6 En este trozo se narra una crisis. Nótese el procedimiento de la narración: (1) la escena y los hombres, (2) la crisis colectiva, (3) la crisis solitaria de Demetrio, (4) el final apacible. ¿Dónde podríamos hacer las divisiones en este trozo?

7 Discuta los símiles. ¿Hay contraste entre los que indican la belleza tranquila de la naturaleza y los que subrayan la acción?

8 La última comparación (símil) es una alusión religiosa.

¿Qué puede dar a entender de la actitud del autor para con Demetrio y su lucha?

9 Parece que Mariano Azuela siente hondamente la belleza del paisaje mexicano y que la ha captado en este episodio. ¿Qué relación tendrán esta belleza del paisaje y esta alegría de la mañana con el carácter y el espíritu de los hombres y lo que les va a pasar?

10 El título de la novela es *Los de abajo*. ¿Tendrá algo que ver con este episodio?

Cuarto Paso: Primeras Pruebas

Apuntar la crisis, un momento crítico, de la vida de un personaje verdadero o imaginario. Bosquejar los puntos principales de esta crisis: comienzos, tensión creciente, punto culminante o resolución, final, etc. El bosquejo puede diferir algo del que se da aquí como ejemplo. El bosquejo debe incluir algunas palabras de diálogo, como el original.

Quinto Paso: Creación

1 En su imitación del modelo considere bien la fuerza y alegría, el gusto por el movimiento y la libertad que les da a los hombres esta naturaleza tan bella con su mañana tan fresca y pura.

2 No deje de pensar también en la indiferencia tranquila y fría de la naturaleza ante la crisis del personaje.

Sexto Paso: Lectura

Lectura de los temas en la clase.

Sugerencias

Los de abajo (El Paso, Texas, 1915) es un trozo de la revolución mexicana vista de un modo bastante realista. Es la historia del mexicano que lucha en la revolución sin entender mucho de sus ideales y sus fines. Es una novela que capta la esencia del ser mexicano que vive plenamente los momentos de cada día y se muere heroicamente, apuntando al enemigo, sin saber nada del heroísmo.

Puede afirmarse que la guerra ha sido un tema predilecto de los novelistas. Compare este episodio con otros episodios de novelistas famosos, por ejemplo con los episodios de la guerra en *A Farewell to Arms* o *For Whom the Bell Tolls* de Ernest Hemingway.

El guardagujas

Juan José Arreola

—Yo he visto pasar muchos trenes[1] en mi vida y conocí algunos viajeros que pudieron abordarlos. Si usted espera convenientemente, tal vez yo mismo tenga el honor de ayudarle a subir a un hermoso y confortable vagón.

—¿Me llevará ese tren a T.?

—¿Y por qué se empeña usted en que ha de ser precisamente a T.? Debería darse por satisfecho[2] si pudiera abordarlo. Una vez en el tren, su vida tomará efectivamente algún rumbo. ¿Qué importa si ese rumbo no es el de T.?

—Es que yo tengo un boleto en regla para ir a T. Lógicamente, debo ser conducido a ese lugar, ¿no es así?

—Cualquiera diría que usted tiene razón. En la fonda para viajeros podrá usted hablar con personas que han tomado sus precauciones, adquiriendo grandes cantidades de boletos. Por regla general, las gentes previsoras compran pasajes para todos los puntos del país. Hay quien ha gastado en boletos una verdadera fortuna . . .

—Yo creí que para ir a T. me bastaba un boleto. Mírelo usted . . .

—El próximo tramo de los ferrocarriles nacionales va a ser construido con el dinero de una sola persona que acaba de gastar su inmenso capital en pasajes de ida y vuelta para un trayecto ferroviario cuyos planos, que incluyen extensos túneles y puentes, ni siquiera han sido aprobados por los ingenieros de la empresa.

—Pero el tren que pasa por T. ¿ya se encuentra[3] en servicio?

—Y no sólo ése. En realidad, hay muchísimos trenes en la nación, y los viajeros pueden utilizarlos con relativa frecuencia, pero tomando en cuenta que no se trata de un servicio formal y definitivo. En otras palabras, al subir a un tren, nadie espera ser conducido al sitio que desea.

—¿Cómo es eso?

—En su afán de servir a los ciudadanos, la empresa se ve en el caso de tomar medidas desesperadas. Hace circular trenes[1] por lugares intransitables. Esos convoyes expedicionarios emplean a veces varios años en su trayecto, y la vida de los viajeros sufre algunas transformaciones importantes. Los fallecimientos no son raros en tales casos, pero la empresa, que todo lo ha previsto,[4] añade a esos trenes un vagón capilla ardiente[5] y un vagón cementerio.[5] Es razón de orgullo para los conductores depositar el cadáver de un viajero—lujosamente embalsamado—en los andenes de la estación que prescribe su boleto. En ocasiones, estos trenes forzados recorren trayectos en que falta uno de los rieles. Todo un lado de los vagones se estremece lamentablemente con los golpes que dan las ruedas sobre los durmientes. Los viajeros de primera—es otra de las previsiones de la empresa—se colocan del lado en que hay riel. Los de segunda padecen los golpes con resignación. Pero hay otros tramos en que faltan ambos rieles; allí los viajeros sufren por igual, hasta que el tren queda totalmente destruido.

—¡Santo Dios!

Primer Paso: Comprensión

1 Un viajero desconocido llega a una estación ferroviaria sin nombre con destinación a T. Pregunta por el tren al guardagujas, también sin nombre, sin recibir respuesta que le parezca coherente. Nuestra selección viene cerca del principio de este extraño cuento.

2 El viajero acaba de preguntar si "hay un tren que pase por esta ciudad."

3 Lea el trozo con cuidado, fijándose en las preguntas del viajero.

4 Apunte brevemente las características fundamentales de la empresa ferroviaria, según el guardagujas.

5 Apunte las expresiones difíciles para comentar en clase.

Segundo Paso: Estudio Gramatical

NOTAS

[1] **he visto pasar muchos trenes** *I have seen many trains go by;* **hace circular trenes** *it makes trains go.*

[2] **darse por satisfecho** *be satisfied, consider yourself satisfied.*

[3] **¿ya se encuentra en servicio?** *is it now in service?*

[4] **todo lo ha previsto** *has foreseen everything.*

[5] **vagón capilla ardiente** *funeral chapel car;* **vagón cementerio** *cemetery car.*

EJERCICIO

1 En la nota #1 **yo** y **muchos trenes** son sujetos de dos verbos distintos (**he visto** y **pasar**). En español el sujeto del infinitivo sigue al infinitivo. Sucede lo contrario en inglés: **yo veo pasar el tren** *I see the train go by;* **hacemos leer a todos** *we make everyone read.* Escriba un par de frases semejantes.

2 Al aceptar una situación que ya existe, uno puede **darse por satisfecho.** No es error decir que uno **está satisfecho,** pero es menos exacto. Empleando esta locución ¿cómo se diría que uno ya admite la victoria de otro, que **está vencido?**

3 **Encontrarse** es otro verbo que se usa mucho para no abusar de **estar.** Frecuentemente indica lugar también. Cambie las siguientes oraciones, sustituyendo **encontrarse: estoy aquí; usted está solo; ¿cómo está la familia?**

4 El pronombre adjetival **todo,** como complemento directo del verbo, va reforzado de **lo: lo comprendo todo** *I understand everything (I understand it all);* **quiere verlo todo** *he wants to see everything.* De sus lecturas en otros libros saque tres otras frases semejantes.

5 En algunos casos muy especiales un sustantivo puede servir

46

también de adjetivo, pero es invariable: **un vagón cementerio, dos vagones cementerio; un vagón capilla ardiente, dos vagones capilla ardiente.** Otras expresiones que usted debe poder entender son **coche cama, coche comedor, palabra clave.**

6 Vea la "D" del Abecedario para la regla general.

Tercer Paso: Discusión Estilística

1 El viajero es un hombre completamente lógico; pero el guardagujas también es hombre razonable. ¿Cuál es la lógica que conocemos nosotros?

2 ¿Cuál es la lógica verdadera?

3 Apunte las referencias específicas a la lógica y a la razón.

4 Apunte también las palabras que indican una confianza implícita en la lógica.

5 ¿Hay un cambio, un proceso evidente, en las sucesivas preguntas del viajero? Explíquese.

6 ¿El guardagujas considera raro lo que va explicando?

7 Una vez aceptada la idea central del guardagujas ¿hay exageración en lo que dice? ¿Hay incongruencia?

8 Cuando el viajero pregunta si hay un tren que pase por la ciudad, el guardagujas contesta, "Afirmarlo equivaldría a cometer una inexactitud." Exprese esto en términos más sencillos.

9 Busque otras locuciones pedantes.

10 Este cuento se considera humorístico. ¿Cuáles son algunos rasgos de nuestro trozo que contribuyen al humor?

11 A primera vista, el cuento es una simple sátira de una empresa ferroviaria. ¿Hay otra interpretación más profunda? ¿Qué pudiera representar, o sugerir, el tren? ¿el viajero? ¿los boletos extraordinarios que compran algunos? ¿el momento en que llega el tren, si es que llega?

Cuarto Paso: Primeras Pruebas

1 Continúe el diálogo de nuestro trozo, para terminarlo de alguna manera. Apunte algunas preguntas del viajero.

2 Haga una lista de las cosas que el guardagujas va a comentar.

3 ¿Cuál será la reacción del viajero?

4 ¿Cómo va a llegar esta aventura a un fin?

1 Apunte brevemente las características de otra situación semejante a la nuestra.

2 ¿Quién va a ser el inocente, el que pregunta?

3 ¿Quién va a ser el otro?

4 Haga una lista de las preguntas y de lo esencial de las respuestas.

Quinto Paso: Creación

1 Para terminar la composición en casa hay que saber evitar la exageración. El guardagujas, por ejemplo, es un tipo completamente ordinario.

2 Sólo las cosas que va explicando no concuerdan muy bien con nuestro sentido de la realidad.

Sexto Paso: Lectura

También en la lectura hay que evitar la exageración. Las explicaciones del guardagujas o de su imitación hay que leerlas como si trataran de cosas corrientes, de todos los días. Claro, en las preguntas del inocente hay algo de asombro y posiblemente de temor.

Sugerencias

En "El guardagujas" el viajero escucha una serie de detalles increíbles acerca de la empresa ferroviaria. Al terminar el cuento el viajero oye acercarse el tren. El guardagujas "se disolvió en la clara mañana; pero el punto rojo de su linterna siguió corriendo y saltando entre los rieles." El cuento entero puede hallarse en la colección *Confabulario total* (México, Fondo de Cultura Económica, 1961).

La realidad que se presenta en "El guardagujas" se parece mucho a la que ve K. en las novelas de Franz Kafka. Se nota en *El proceso*, por ejemplo, la misma lógica aparente, la misma falta de exageración, y el mismo fondo de humor extraño.

Lo que sucedió a un hombre que por pobreza y falta de otra cosa comía altramuces

Juan Manuel

Otro día hablaba el conde Lucanor con Patronio, su consejero, de este modo:

—Patronio, bien sé que Dios me ha dado mucho más de lo que[1] yo merezco y que en todas las demás cosas sólo tengo motivos para estar muy satisfecho, pero a veces me encuentro tan necesitado de dinero que no me importaría dejar esta vida. Os pido que me deis[2] algún consejo para remediar esta aflicción mía.

—Señor conde Lucanor—dijo Patronio—, para que vos os consoléis[2] cuando os pase esto os convendría saber lo que sucedió a dos hombres que fueron muy ricos.

El conde le rogó que se lo contara.

—Señor conde—comenzó Patronio—, uno de estos hombres llegó a tal extremo de pobreza que no le quedaba en el mundo nada que comer.[3] Habiéndose esforzado por encontrar algo, no pudo hallar más que una escudilla de altramuces. Al recordar cuán rico había sido y pensar que ahora estaba hambriento y que no tenía más que los altramuces, que son tan amargos y que saben tan mal, empezó a llorar, aunque sin dejar de comer los altramuces, por la mucha hambre, y de echar las cáscaras hacia atrás. En medio de esta congoja y de este pesar

49

notó que detrás de él había otra persona y, volviendo la cabeza, vio que un hombre comía las cáscaras de altramuces que él tiraba al suelo. Éste era el otro de quien os dije que también había sido rico. Cuando aquello vio el de los altramuces preguntó al otro por qué comía las cáscaras. Respondióle que, aunque había sido más rico que él, había ahora llegado a tanto extremo de pobreza y tenía tanta hambre que se alegraba mucho de encontrar aquellas cáscaras que él arrojaba. Cuando esto oyó el de los altramuces, se consoló, viendo que había otro más pobre que él y que tenía menos motivos para serlo. Con este consuelo se esforzó para salir de pobreza, lo consiguió con ayuda de Dios y volvió otra vez a ser rico.

Vos, señor conde Lucanor, debéis saber que, por[4] permisión de Dios, nadie en el mundo lo logra todo. Pero, pues en todas las demás cosas os hace Dios señalada merced y salís con lo que vos queréis, si alguna vez os falta dinero y pasáis estrecheces, no os entristezcáis, sino tened por cierto que otros más ricos y de más elevada condición las estarán pasando y que se tendrían por felices si pudieran dar a sus gentes aunque fuera menos de lo que vos le dais a las vuestras.

Al conde agradó mucho lo que dijo Patronio, se consoló y, esforzándose, logró salir, con ayuda de Dios, de la penuria en que se encontraba. Viendo don Juan que este cuento era bueno, lo hizo poner en este libro y escribió unos versos que dicen así:

> Por[4] pobreza nunca desmayéis,
> pues otros más pobres que vos veréis.

Primer Paso: Comprensión

1 Lea el cuento tratando de comprender cada palabra y cada expresión.

2 Una vez que lo comprenda todo, lea el cuento en voz alta en casa. Esta lectura en casa debe ser tan clara y precisa que una persona pudiera comprenderla con mucha facilidad; debe marcar claramente el sentido de cada frase.

Segundo Paso: Estudio Gramatical

NOTAS

¹ **de lo que** *than.*
² **os pido que me deis; vos os consoléis** The second person plural is rare in formal Latin-American usage. The pronoun **vos** for **vosotros** is archaic in Spain and regional in Latin America.
³ **nada que comer** *nothing to eat.*
⁴ **por** *because of.*

EJERCICIO

1 Cambie las locuciones verbales con **vos** en locuciones formales con **usted.** Ejemplos: **os pido** viene a ser **le pido; que me deis** viene a ser **que me dé.**

2 Siguiendo el modelo de la nota #3 anterior, traduzca las expresiones que siguen: *something to eat, nothing to do, I have work to do.*

3 Usando la preposición **por,** traduzca lo siguiente: *on account of the cold, because of having too much work to do, because of you.*

4 Vea la "P" del Abecedario para una discusión más amplia de **por** y **para.**

Tercer Paso: Discusión Estilística

1 ¿A usted le gustó el cuento? Explique el porqué de su reacción.

2 Discuta la relación entre el Infante don Juan Manuel y su consejero Patronio. ¿Hay mucha formalidad en esta relación?

3 ¿Comprende usted bien y con facilidad el cuento?

4 ¿Por qué es tan fácil de entender?

5 Enumere usted las razones que contribuyen a esta facilidad de comprensión.

6 ¿Hay descripciones en el cuento?

7 ¿Cuál es el propósito de este cuento?

8 ¿Cuál debe ser el requisito más importante de una prosa que tiene este propósito?

9 ¿Cuál es el adorno mayor del cuento?

10 Una prosa cuya única virtud es la de comunicar algo con claridad ¿puede llegar a la categoría de una bella creación artística?

Cuarto Paso: Primeras Pruebas

1 Tenga usted en cuenta que el fin básico de este ejercicio será el de comunicar algo muy sencillo con claridad.

2 Puede pensar en un cuento que enseñe una verdad o una moraleja. Puede basarse en el tema sobre el mismo asunto.

3 O sencillamente puede contar un cuento muy corto.

4 Si quiere, puede poner su cuento en un marco (*frame*), haciendo que alguien pida consejos a otra persona. Para esto es posible usar casi el mismo lenguaje que usó don Juan Manuel.

5 No ponga usted, por favor, mucha descripción: el cuento y su moraleja deben ser bien sencillos.

6 Escriba el primer párrafo. Esté preparado a poner este párrafo en el pizarrón y a discutir sus méritos como imitación de don Juan Manuel con la clase y con el profesor.

Quinto Paso: Creación

1 Termine el tema. Lo que buscamos principalmente es la precisión, la claridad, y la sencillez.

2 Lea el tema con cuidado. Es buena idea leerlo también en voz alta en casa antes de traerlo a la clase.

Sexto Paso: Lectura

1 Lea su tema en clase, tratando de pronunciar bien y de dar el sentido exacto a cada frase; en fin, tratando de comunicar. Esta lectura no debe ser rápida; debe procurar leer en grupos fónicos, evitando la tendencia a separar cada palabra.

2 Mientras lea el estudiante, toda la clase y el profesor apuntarán comentarios sobre los errores y las faltas o sobre las cosas buenas del tema.

3 Discusión del tema por la clase y por el profesor. Siempre en la discusión es más cortés mencionar primero lo bueno,

luego los comentarios generales, y finalmente los detalles gramaticales.

4 El estudiante debe corregir todas las faltas señaladas antes de entregar el tema al profesor. Cuando el profesor le devuelva el tema corregido, no lo tire; guárdeselo. El profesor lo puede querer más tarde, cuidadosamente corregido.

Sugerencias

Este cuento es uno de 50 cuentos morales de una colección llamada *El conde Lucanor,* escrita en el siglo XIV por don Juan Manuel. Los cuentos sirven de lección para el joven conde y de diversión para el lector. El texto es una versión moderna hecha por Enrique Moreno Báez.

Otro cuento muy divertido en esta versión moderna es "Lo que sucedió a un mozo que casó con una muchacha de muy mal carácter." Sería interesante comparar este cuento con una famosa versión del mismo asunto, *The Taming of the Shrew,* de Guillermo Shakespeare.

Juanita la Larga

Juan Valera

Juana la Larga, según queda indicado, gracias a su constante
actividad, buen orden y economía, en todo lo cual su hija le
ayudaba con inteligencia y celo, había mejorado de posición y
de fortuna. Tenía una criada muy trabajadora, que barría y
fregaba, y bajo la dirección de las señoras guisaba también,
dejando a éstas el tiempo libre para ejercer sus lucrativos
oficios. El oficio principal de Juanita era coser y bordar, para
lo cual había desplegado aptitud superior a la de su madre.
Juanita no tenía que emplearse en más bajas ocupaciones.
Sin embargo, ora fuese por candorosa coquetería, o sea por
deseo de lucir la gallardía de su persona, deseo de que no se
daba cuenta, ora porque Juanita necesitase del ejercicio
corporal y de mostrar y desplegar la energía de su sana naturaleza, Juanita, aun cumplidos ya los diecisiete años, gustaba de
ir por agua a la fuente del ejido, allanándose a veces, a pesar
de la desahogada posición de su madre y de ella, a ir al
albercón a lavar alguna ropa, cuando la ropa era fina y temía
ella, o aparentaba temer, que manos más rudas que las suyas
la estropeasen.

La verdad era que esto de ir al albercón y a la fuente, más
que fatiga era recreo y solaz para Juanita, la cual divertía a
las otras muchachas con sus agudos dichos y felices ocu-
rrencias, las hacía reír a casquillo quitado y gozaba de popu-
laridad y favor entre ellas.

Era ya Juanita una guapa moza en toda la extensión de la

palabra. Las faenas caseras no habían estropeado sus lindas y bien torneadas manos, y ni el sol ni el aire habían bronceado su tez trigueña. Su pelo negro, con reflejos azules, estaba bien cuidado y limpio. No ponía en él ni aceite de almendras dulces ni blandurilla de ninguna clase, sino agua sola con alguna infusión de hierbas olorosas para lavarlo mejor. Le[1] llevaba recogido muy alto, sobre el colodrillo, en trenza que, atada luego, formaba un moño en figura de dos triángulos equiláteros que se tocaban en uno de los vértices.

. . .

La misma libertad en que se había criado, y el constante ejercicio corporal, ya en útiles faenas, ya en juegos más de muchacho que de niña, habían hecho que Juanita, aunque no tenía la santa ignorancia, ni había vivido con el recogimiento que recomiendan y procuran otras madres celosas, no había pensado todavía en cosas de amor. Era buscada, requebrada y solicitada por no pocos mozos; pero, brava y arisca, sabía despedir huéspedes, imponer respeto y tener a raya a los más atrevidos.

Sólo se le conocía una inclinación que, desde la niñez, persistía en ella con constancia; pero esta inclinación, al menos por su parte, más que de afecto amoroso, tenía trazas de fraternal cariño. Quien la inspiraba, compartiéndola sin duda por menos inocente estilo, era Antoñuelo, el hijo del maestro herrador, y sobrino del cacique, quien tenía en el lugar muy humilde parentela.

Antoñuelo era un mocetón gentil y robusto, muy simpático, aunque de cortos alcances, y decidido para todo, y singularmente para admirar a Juanita, a quien consideraba y respetaba, sometiendo a ella toda su voluntad, como por virtud de fascinación o de hechizos.

Prímer Paso: Comprensión

1 En la traducción de este capítulo es importante notar que la mayoría de las voces (palabras) son afirmativas. Nece-

sita, pues, buscar palabras afirmativas del inglés para la traducción.

2 En la traducción del capítulo, trate de mantener intacta la estructura de la frase española, poniendo cláusula por cláusula, paréntesis por paréntesis.

3 Lea el capítulo en casa tratando de evitar la entonación plana, marcando bien las pausas de la frase.

4 Describa, poetizando ligeramente la descripción, a Juanita la Larga.

Segundo Paso: Estudio Gramatical

NOTAS

[1] le *it* (the hair of Juanita).

EJERCICIO

1 No hay reglas fijas que gobiernen el uso de **le** y de **lo** como complemento directo de un verbo. Suele decirse que **le** significa una persona: **¿El hombre? Le veo.** Asimismo **lo** debe significar una cosa: **¿El libro? Lo veo.** Sin embargo, el uso de una u otra forma depende más que nada de la región en cuestión; y a veces depende de un capricho personal. Busque ejemplos en sus lecturas de los complementos **le** y **lo** no usados de acuerdo con los preceptos tradicionales.

2 Vea la "O" del Abecedario para una tabla de las formas del complemento verbal.

Tercer Paso: Discusión Estilística

1 ¿El vocabulario es negativo o positivo? ¿Es vocabulario popular o erudito? ¿Tiene algo de los dos?

2 La frase que emplea don Juan Valera ¿es larga o corta?

3 ¿Usa muchas expresiones parentéticas y cláusulas subordinadas?

4 ¿Qué efecto tienen para el ritmo de la frase estas expresiones?

5 ¿Cómo describiría usted el ritmo y la entonación de estas frases de Juan Valera?

6 ¿Cuáles son las cualidades más importantes de la personalidad de Juanita?

7 Discuta usted el punto de vista en esta narración.

8 Haga una comparación entre la descripción de Juanita la Larga por Valera y la de señá Frasquita por Alarcón.

9 ¿Juanita era persona real o ficticia?

10 ¿Hay algo de costumbrismo en este capítulo?

11 ¿Es este trozo de don Juan Valera un ejemplo de lo que usted entiende por realismo?

Cuarto Paso: Primeras Pruebas

1 Otra vez tiene usted la tarea de escoger a una persona atractiva a quien describir. Parece que estas personas merecedoras de descripciones ligeramente poéticas abundan por el campo universitario y hasta las hay en la misma clase. De hecho las personas de la misma clase son recomendables porque así podemos comparar la descripción con el modelo original.

2 Haga usted una lista de los siete u ocho rasgos, siempre afirmativos, que tiene la persona a quien usted describe.

3 Escriba la primera frase con la intención de captar la esencia de la persona a quien describe en una sola frase.

4 Termine el primer párrafo—haciendo destacar la belleza de la persona descrita.

5 En estos primeros párrafos se puede emplear nombres ficticios y dejar a los otros miembros de la clase adivinar quién es.

Quinto Paso: Creación

1 Termine el tema haciendo destacar las otras virtudes, vistas o intuidas, de su modelo; no se olvide de ser poético, galante, y afirmativo como siempre lo fue don Juan Valera y recuerde que un poco de humor y buena voluntad llena el hueco que existe entre el ideal y la realidad.

2 Cuando escriba el tema en imitación del estilo de Juan Valera, sobre todo debe tratar de captar el ritmo de su frase empleando muchas expresiones parentéticas y cláusulas subordinadas. No deje de usar una de estas expresiones como **ya en útiles faenas, ya en juegos más de muchacho que de niña,** u **ora . . . ora . . . .** Trate de usar más de

cinco de los refranes y modismos que se encuentran en el texto. Use la voz pasiva como en **era buscada, requebrada y solicitada por no pocos mozos.** Use una vez, por lo menos, el subjuntivo.

Sexto Paso: Lectura

1 Lectura, corrección, y discusión de los temas en clase.
2 Siempre puede haber, si la persona descrita es miembro de la clase, comparación de la descripción y el modelo.

Sugerencias

Juanita la Larga es una buena moza que quiere casarse con un viejo rico y honrado, don Paco, que la quiere mucho. Para lograr esta felicidad, Juanita la Larga tiene que conquistar a todas las voluntades del pueblo con su diligencia, su buena voluntad, su paciencia y su humildad. En la novela don Juan Valera defiende las sanas costumbres, las tradiciones, y las jerarquías sociales de las pequeñas villas de Andalucía.

Comienza la novela de don Juan Valera así: "Cierto amigo mío, diputado novel, cuyo nombre no pongo aquí porque no viene al caso, estaba entusiasmadísimo con su distrito y singularmente con el lugar donde tenía su mayor fuerza, lugar que nosotros designaremos con el nombre de Villalegre." En esta primera frase, como en mucho de la obra de Valera, hay un gustillo, un sabor, un dejo cervantino. Compare este comienzo de *Juanita la Larga* con el comienzo de *Don Quijote*, de Cervantes, que se encuentra en el capítulo final.

La parábola del joven tuerto

Francísco Rojas González

".. . Y vivió feliz largos años." Tantos, como aquellos en que la gente no puso reparos en su falla. Él mismo no había concedido mayor importancia a la oscuridad que le arrebataba media visión. Desde pequeñuelo se advirtió el defecto, pero con filosófica resignación habíase dicho: "Teniendo uno bueno, el otro resultaba un lujo." Y fue así como se impuso el deber de no molestarse a sí mismo, al grado de que llegó a suponer que todos veían con la propia misericordia su tacha; porque "teniendo uno bueno . . ."

Mas llegó un día infausto; fue aquél cuando se le ocurrió pasar frente a la escuela, en el preciso momento en que los muchachos salían. Llevaba él su cara alta y el paso garboso, en una mano la cesta desbordante de frutas, verduras y legumbres destinadas a la vieja clientela.

"Ahí va el tuerto," dijo a sus espaldas una vocecita tipluda.

La frase rodó en medio del silencio. No hubo comentarios, ni risas, ni algazara . . . Era que acababa de hacerse un descubrimiento.

"Ahí va el tuerto . . . el tuerto . . . tuerto," masculló durante todo el tiempo que tardó su recorrido de puerta en puerta dejando sus entregos.

Tuerto, sí señor, él acabó por aceptarlo: en el fondo del espejo, trémulo entre sus manos, la impar pupila se clavaba sobre un cúmulo que se interponía entre él y el sol . . .

Sin embargo, bien podría ser que nadie diera valor al hallazgo del indiscreto escolar . . . ¡Andaban tantos tuertos por el mundo! Ocurriósele entonces—imprudente—poner a prueba tan optimista suposición.

Así lo hizo.

Pero cuando pasó frente a la escuela, un peso terrible lo hizo bajar la cara y abatir el garbo del paso. Evitó un encuentro entre su ojo huérfano y los múltiples y burlones que lo siguieron tras de la cuchufleta: "Adiós, media luz."

Detuvo la marcha y por primera vez miró como ven los tuertos; era la multitud infantil una mácula brillante en medio de la calle, algo sin perfiles, ni relieves, ni volumen. Entonces las risas y las burlas llegaron a sus oídos con acentos nuevos: empezaba a oir, como oyen los tuertos.

Desde entonces la vida se le hizo ingrata.

Los escolares dejaron el aula porque habían llegado las vacaciones: la muchachada se dispersó por el pueblo.

Para él la zona peligrosa se había diluido: ahora era como un manchón de aceite que se extendía por todas las calles, por todas las plazas . . . Ya el expediente de rehuir su paso por el portón del colegio no tenía valimiento: la desazón le salía al paso, desenfrenada, agresiva. Era la parvada de rapaces que a coro le gritaban:

> Uno, dos, tres,
> tuerto es . . .

O era el mocoso que tras del parapeto de una esquina lo increpaba: "Eh, tú, prende el otro farol . . ."

Sus reacciones fueron evolucionando: el estupor se hizo pesar, el pesar, vergüenza y la vergüenza rabia, porque la broma la sentía como injuria y la gresca como provocación.

Con su estado de ánimo mudaron también sus actitudes, pero sin perder aquel aspecto ridículo, aquel aire cómico que tanto gustaba a los muchachos:

> Uno, dos, tres,
> tuerto es . . .

Y él no lloraba; se mordía los labios, berreaba, maldecía y amenazaba con los puños apretados.

Mas la cantaleta era tozuda y la voluntad caía en resultados funestos.

Un día echó mano de piedras y las lanzó una a una con endemoniada puntería contra la valla de muchachos que le cerraban el paso: la pandilla se dispersó entre carcajadas. Un nuevo mote salió en esta ocasión: "Ojo de tirador."

Desde entonces no hubo distracción mejor para la caterva que provocar al tuerto.

Claro que había que buscar remedio a los males. La madre amante recurrió a la terapéutica de todas las comadres: cocimientos de renuevos de mezquite, lavatorios con agua de malva, cataplasmas de vinagre aromático . . .

Pero la porfía no encontraba dique:

Uno, dos, tres,
tuerto es . . .

Pescó por una oreja al mentecato y, trémulo de sañas, le apretó el cogote, hasta hacerlo escupir la lengua. Estaban en las orillas del pueblo, sin testigos; ahí pudo erigirse la venganza, que ya surgía en espumarajos y quejidos . . . Pero la inopinada presencia de dos hombres vino a evitar aquello que ya palpitaba en el pecho del tuerto como un goce sublime. Fue a parar a la cárcel.

Se olvidaron los remedios de la comadrería para ir en busca de las recetas del médico. Vinieron entonces pomadas, colirios y emplastos, a cambio de transformar el cúmulo en espeso nimbo.

El manchón de la inquina había invadido sitios imprevistos: un día, al pasar por el billar de los portales, un vago probó la eficacia de la chirigota: "Adiós, ojo de tirador. . . ."

Y el resultado no se hizo esperar; una bofetada del ofendido determinó que el grandullón le hiciera pagar muy caro los arrestos . . . Y el tuerto volvió aquel día a casa sangrante y maltrecho.

Buscó en el calor materno un poquito de paz y en el árnica alivio a los incontables chichones . . . La vieja acarició entre sus dedos la cabellera revuelta del hijo que sollozaba sobre sus piernas.

Entonces se pensó en buscar por otro camino ya no remedio a los males, sino tan sólo disimulo de la gente para aquella tara que les resultaba tan fastidiosa.

En falla de los medios humanos, ocurrieron al concurso de la divinidad: la madre prometió a la Virgen de San Juan de los Lagos llevar a su santuario al muchacho, quien sería portador de un ojo de plata, exvoto que dedicaban a cambio de templar la inclemencia del muchacherío.

Se acordó que él no volviese a salir a la calle; la madre lo sustituiría en el deber diario de surtir las frutas, las verduras y las legumbres a los vecinos, actividad de la que dependía el sustento de ambos.

Cuando todo estuvo listo para el viaje, confiaron las llaves de la puerta de su chiribitil a una vecina y, con el corazón lleno y el bolso vano, emprendieron la caminata, con el designio de llegar frente a los altares de la milagrería, precisamente por los días de la feria.

Ya en el santuario, fueron una molécula de la muchedumbre. Él se sorprendió de que nadie señalara su tacha; gozaba de ver a la gente cara a cara, de transitar entre ella con desparpajo, confianzudo, amparado en su insignificancia. La madre lo animaba: "Es que el milagro ya empieza a obrar . . . ¡Alabada sea la Virgen de San Juan . . . !"

Sin embargo, él no llegó a estar muy seguro del prodigio y se conformaba tan sólo con disfrutar aquellos momentos de ventura, empañados de cuando en cuando, por lo que, como un eco remotísimo, solía llegar a sus oídos:

Uno, dos, tres,
tuerto es . . .

Entonces había en su rostro pliegues de pesar, sombras de ira y resabios de suplicio.

Fue la víspera del regreso; caía la tarde cuando las cofradías y las peregrinaciones asistían a las ceremonias de "despedida." Los danzantes desempedraban el atrio con su zapateo contundente; la musiquilla y los sonajeros hermanaban ruido y melodía para elevarlos como el espíritu de una plegaria. El cielo era un incendio; millares de cohetes reventaban en escándalo de luz, al estallido de su vientre ahíto de salitre y de pólvora.

En aquel instante, él seguía, embobado, la trayectoria de un cohetón que arrastraba como cauda una gruesa varilla . . . Simultáneamente al trueno, un florón de luces brotó en otro lugar del firmamento; la única pupila buscó recreo en las policromías efímeras . . . De pronto él sintió un golpe tremendo en su ojo sano . . . Siguieron la oscuridad, el dolor, los lamentos.

La multitud lo rodeó.

—La varilla de un cohetón ha dejado ciego a mi muchachito —gritó la madre, quien imploró después—: Busquen un doctor, en caridad de Dios.

Retornaban. La madre hacía de lazarillo. Iban los dos trepando trabajosamente la pina falda de un cerro. Hubo de hacerse un descanso. Él gimió y maldijo su suerte . . . Mas ella, acariciándole la cara con sus dos manos le dijo:

—Ya sabía yo, hijito, que la Virgen de San Juan no nos iba a negar un milagro . . . ¡Porque lo que ha hecho contigo es un milagro patente!

Él puso una cara de estupefacción al esuchar aquellas palabras.

—¿Milagro, madre? Pues no se lo agradezco; he perdido mi ojo bueno en las puertas de su templo.

—Ése es el prodigio por el que debemos bendecirla: cuando te vean en el pueblo, todos quedarán chasqueados y no van a tener más remedio que buscarse otro tuerto de quien burlarse . . . Porque tú, hijo mío, ya no eres tuerto.

Él permaneció silencioso algunos instantes, el gesto de amargura fue mudando lentamente hasta transformarse en una sonrisa dulce, de ciego, que le iluminó toda la cara.

—¡Es verdad, madre, yo ya no soy tuerto . . . ! Volveremos el año que entra; sí, volveremos al Santuario para agradecer las mercedes a Nuestra Señora.

—Volveremos, hijo, con un par de ojos de plata. Y lentamente, prosiguieron su camino.

Primer Paso: Comprensión

Leer el cuento tratando de imaginar con precisión todas las escenas y sentir el valor emotivo de las palabras y las frases.

Segundo Paso: Estudio Gramatical

EJERCICIO

1 Hay muchos modismos en este cuento. Busque seis modismos interesantes y apréndalos de memoria; úselos en su composición.

2 Recuerde que los modismos no se traducen palabra por palabra. Vea la "T" del Abecedario.

Tercer Paso: Discusión Estilística

1 ¿El conflicto del joven viene de ser tuerto o de la reacción de los demás ante este defecto?

2 ¿Cómo nos revela el autor la evolución de las emociones del tuerto? ¿Usa palabras abstractas para representar estas emociones?

3 Van haciéndose las acciones cada vez más violentas. ¿Por qué?

4 ¿Qué importancia tienen las repeticiones de palabras y frases en promover nuestra reacción emocional al cuento? Fíjese en el número de veces que aparece la palabra **tuerto**, o una palabra o frase que significa **tuerto**, como **ojo de tirador**, **ojo huérfano**, **ojo impar**. También, como habrá notado, el autor se refiere a este defecto con muchos términos como **tacha**, **falla**, **tara**. ¿Hay otras repeticiones de importancia en el cuento?

5 Comente los distintos puntos de vista: el punto de vista del autor, el del joven tuerto, el de la madre, y finalmente el de los demás.

6 ¿Por qué da la diferencia entre estos cuatro puntos de vista profundidad emocional y filosófica al cuento?

7 Parece que hay dos grupos de figuras retóricas en el cuento: las que emplean los chicos para insultar al tuerto y las del autor. ¿Tendrán relación entre sí los dos grupos?

8 El tono del primer párrafo y el fin del cuento demuestran cierto optimismo y felicidad. ¿Cuál es la función de ellos en el cuento?

9 ¿Por qué terminan tantos cuentos con esta frase: "Y vivió feliz largos años"? ¿Qué tiene que ver con nuestro cuento?

10 Parece que la parábola nos enseña una lección filosófica bastante profunda. ¿Cuál es la lección que le ha enseñado a usted? ¿De qué depende la felicidad del niño tuerto; del mexicano; del ser humano?

Cuarto Paso: Primeras Pruebas

Ya que el motivo sentimental de esta parábola es tan poderoso, debe escoger un ser, un animal, o un objeto desafortunado e infeliz para el protagonista de la suya. Su desgracia, claro está, puede provenir de muchas causas. Puede provenir de su raza, color, religión, deformidad física, fealdad, pobreza, etc. Debe mostrar el primer párrafo la crueldad de los otros hacia este ente desgraciado e infeliz. No olvide los nombres feos, las figuras retóricas y los chistes que van a dirigirse a este pobre ser.

Quinto Paso: Creación

Será el trabajo principal de su composición narrar la crisis del desafortunado y mostrar cómo encuentra valor filosófico para enfrentarla. Una buena imitación de este cuento siempre evocará un sentimiento agudamente humano y un pensamiento filosófico bastante profundo.

Sexto Paso: Lectura

Lectura de los temas en la clase. Si quiere conmover de veras a los demás miembros de la clase tiene que leer su tema con cierto arte dramático. Para hacer esto bien, necesita practicar mucho en casa antes de venir a la clase.

Sugerencias

"La parábola del joven tuerto" forma parte de la clásica película mexicana *Raíces,* a veces presentada por cineclubes universitarios.

El diosero es un libro de cuentos que logra captar la esencia humana del pueblo mexicano con todas sus supersticiones, sus creencias religiosas, sus problemas económicos y sociales. En todos los cuentos trata el autor de profundizar un poco más en el estudio del ser mexicano, hasta llegar a las raíces, como indica el título de la película hecha a base del libro. Todos los cuentos tratan de distintas regiones de México y de distintos seres mexicanos. Todos son fuertes.

En "Cabra de dos patas" un gringo ofrece 10 pesos por la hija de un indio. Dice que es un capricho. El indio, enfurecido, ofrece cien pesos por la mujer del gringo, diciendo también que es un capricho. Para resolver la cuestión, el indio le muestra un machete y el gringo deja el lugar sin completar ningún trato comercial.

La ninfa

(CUENTO PARISIENSE)*

Rubén Darío

En el castillo que últimamente acaba de adquirir Lesbia, esta actriz caprichosa y endiablada que tanto ha dado que decir al mundo por sus extravagancias, nos hallábamos hasta seis amigos. Presidía nuestra Aspasia, quien a la sazón se entretenía en chupar, como niña golosa, un terrón de azúcar, húmedo, blanco, entre las yemas sonrosadas. Era la hora del *chartreuse.* Se veía en los cristales de la mesa como una disolución de piedras preciosas, y la luz de los candelabros se descomponía en las copas medio vacías, donde quedaba algo de la púrpura del borgoña, del oro hirviente del champaña, de las líquidas esmeraldas de la menta.

Se hablaba con el entusiasmo de artistas de buena pasta, tras una buena comida. Éramos todos artistas, quién más quién menos, y aun había un sabio obeso que ostentaba en la albura de una pechera inmaculada el gran nudo de una corbata monstruosa.

Alguien dijo:

—¡Ah, sí, Fremiet!

Y de Fremiet se pasó a sus animales, a su cincel maestro, a dos perros de bronce que, cerca de nosotros, uno buscaba la pista de la pieza y otro, como mirando al cazador, alzaba el pescuezo y arbolaba la delgadez de su cola tiesa y erecta.

* Esta lección puede utilizarse como trabajo de honor para estudiantes de habilidad excepcional. No debe considerarse tarea obligatoria para toda la clase.

¿Quién habló de Mirón? El sabio, que recitó en griego el epigrama de Anacreonte: "Pastor, lleva a pastar más lejos tu boyada, no sea que creyendo que respira la vaca de Mirón, la quieras llevar contigo . . ."

Lesbia acabó de chupar su azúcar y con una carcajada:

—¡Bah! Para mí los sátiros. Yo quisiera dar vida a mis bronces, y si esto fuese posible, mi amante sería uno de esos velludos semidioses. Os advierto que más que a los sátiros adoro a los centauros y que me dejaría robar por uno de esos monstruos robustos, sólo por oir las quejas del engañado, que tocaría su flauta lleno de tristeza.

El sabio interrumpió:

—Los sátiros y los faunos, los hipocentauros y las sirenas han existido como las salamandras y el ave Fénix.

Todos reímos; pero entre el coro de carcajadas se oía irresistible, encantadora, la de Lesbia, cuyo rostro encendido, de mujer hermosa, estaba como resplandeciente de placer.

—Sí—continuó el sabio—: ¿con qué derecho negamos los modernos, hechos que afirman los antiguos? El perro gigantesco que vio Alejandro, alto como un hombre, es tan real como la araña Kraken que vive en el fondo de los mares. San Antonio Abad, de edad de noventa años, fue en busca del viejo ermitaño Pablo, que vivía en una cueva. Lesbia, no te rías. Iba el santo por el yermo, apoyado en su báculo, sin saber dónde encontrar a quien buscaba. A mucho andar, ¿sabéis quién le dio las señas del camino que debía seguir? Un centauro: "medio hombre y medio caballo"—dice un autor,—hablaba como enojado: huyó tan velozmente, que pronto le perdió de vista el santo; así iba galopando el monstruo, cabellos al aire y vientre a tierra.

En ese mismo viaje, San Antonio vio un sátiro, "hombrecillo de extraña figura, estaba junto a un arroyuelo, tenía las narices corvas, frente áspera y arrugada, y la última parte de su contraecho cuerpo remataba con pies de cabra."

—Ni más ni menos—dijo Lesbia—. ¡M. de Cocureau, futuro miembro del Instituto!

Siguió el sabio:

—Afirma San Jerónimo que en tiempo de Constantino Magno se condujo a Alejandría un sátiro vivo, siendo conservado su cuerpo cuando murió.

"Además, viole el emperador de Antioquía."

Lesbia había vuelto a llenar su copa de menta, y humedecía su lengua en el licor verde como lo haría un animal felino.

—Dice Alberto Magno que en su tiempo cogieron a dos sátiros en los montes de Sajonia. Eurico Zormano asegura que en tierras de Tartaria había hombres con un solo pie y sólo un brazo en el pecho. Vincencio vio en su época un monstruo, que trajeron al rey de Francia; tenía cabeza de perro (Lesbia reía). Los muslos, brazos y manos tan sin vello como los nuestros (Lesbia se agitaba como una chicuela a quien hiciesen cosquillas); comía carne cocida y bebía vino con todas ganas.

—¡Colombine!—gritó Lesbia.

Y llegó Colombine; una falderilla que parecía un copo de algodón. Tomóla su ama y entre las explosiones de risa de todos:

—¡Toma, el monstruo que tenía tu cara!

Y le dio un beso en la boca, mientras el animal se estremecía e inflaba las narices como lleno de voluptuosidad.

—Y Filegón Traliano—concluyó el sabio elegantemente— afirma la existencia de dos clases de hipocentauros: uno de ellos como elefantes.

—Basta de sabiduría—dijo Lesbia, y acabó de beber la menta.

Yo estaba feliz. No había desplegado mis labios.

—¡Oh!—exclamé—, ¡Para mí las ninfas! Yo desearía contemplar esas desnudeces de los bosques y de las fuentes, aunque, como Acteón, fuese despedazado por los perros. ¡Pero las ninfas no existen!

Concluyó aquel concierto alegre con una gran fuga de risas y de personas.

—¡Y qué!—dijo Lesbia, quemándome con sus ojos de faunesa

y con voz callada para que sólo yo la oyera—, ¡las ninfas existen, tú las verás!

Era un día primaveral. Yo vagaba por el parque del castillo, con el aire de un soñador empedernido. Los gorriones chillaban sobre las lilas nuevas y atacaban a los escarabajos que se defendían del picotazo con sus corazas de esmeralda, con sus petos de oro y acero. En las rosas el carmín, el bermellón, la onda penetrante de perfumes dulces, más allá las violetas, en grandes grupos con su color apacible y su olor a virgen. Después, los altos árboles, los ramajes tupidos, llenos de mil abejeos, las estatuas en la penumbra, los discóbolos de bronce, los gladiadores musculosos en sus soberbias posturas gímnicas, las glorietas perfumadas cubiertas de enredaderas, los pórticos, bellas imitaciones jónicas, cariátides todas blancas y lascivas, y vigorosos telamones del orden atlántico, con anchas espaldas y muslos gigantescos. Vagaba por el laberinto de tales encantos cuando oí un ruido, allá en lo oscuro de la arboleda, en el estanque donde hay cisnes blancos como cincelados en alabastro, y otros que tienen la mitad del cuello del color del ébano, como una pierna alba con media negra.

Llegué más cerca. ¿Soñaba? ¡Oh, nunca! Yo sentí lo que tu, cuando viste en su gruta por primera vez a Egeria.

Estaba en el centro del estanque, entre la inquietud de los cisnes espantados, una ninfa, una verdadera ninfa, que hundía su carne de rosa en el agua cristalina. La cadera, a flor de espuma, parecía a veces como dorada por la luz opaca que alcanzaba a llegar por las brechas de las hojas. ¡Ah! Yo vi lirios, rosas, nieve, oro; vi un ideal con vida y forma y oí entre el burbujeo sonoro de la ninfa herida, como una risa burlesca y armoniosa que me encendía la sangre.

De pronto huyó la visión, surgió la ninfa del estanque, semejante a Citerea en su onda y recogiendo sus cabellos, que goteaban brillantes, corrió por los rosales, tras las lilas y violetas, más allá de los tupidos arbolares, hasta perderse, ¡ay!, por un recodo; y quedé yo, poeta lírico, fauno burlado, viendo a las grandes aves alabastrinas como mofándose de mí, tendiéndome sus largos cuellos en cuyo extremo brillaba bruñida el ágata de sus picos.

Después almorzábamos juntos aquellos amigos de la noche pasada; entre todos, triunfante, con su pechera y su gran corbata oscura, el sabio obeso, futuro miembro del Instituto. Y de repente, mientras todos charlaban de la última obra de Fremiet en el salón, exclamó Lesbia con su alegre voz de parisiense:

—¡Te! como dice Tartarín: ¡El poeta ha visto ninfas! . . . La contemplaron todos asombrados y ella me miraba como una gata, y se reía, como una chiquilla a quien se la hiciesen cosquillas.

Primer Paso: Comprensión

1 En la primera lectura es preciso que comprenda bien todas las referencias al arte griego, a la mitología, y a la pintura.
2 La lectura debe repetirse hasta que pueda gozar plenamente y sin estorbos toda la belleza y sensualidad del cuento.
3 ¿Qué significa la frase "¡El poeta ha visto ninfas!"?
4 Lea en casa en voz alta tratando de captar el ritmo delicado y el movimiento gracioso de la prosa.

Segundo Paso: Estudio Gramatical

(Suprimido en esta lección para estudiantes avanzados)

Tercer Paso: Discusión Estilística

1 En alguna parte Rubén Darío dice de un poeta lírico que "su cabeza era una orgía de colores y de sonidos." ¿Qué relación puede tener esta afirmación con el estilo y hasta con el propósito de este cuento?
2 ¿Tiene este cuento una verdad o una moraleja que enseñarnos?
3 ¿Quiénes son los personajes del cuento? ¿Cuál es su profesión?

4 ¿Cree usted que estos personajes gozan plenamente de la vida y de todos sus encantos?

5 En el primer párrafo hay muchos colores y muchos sabores mencionados. ¿Existen aisladamente los unos de los otros?

6 Después todos hablan de los animales en la escultura de aquel francés. ¿Piensan en estos animales tan sólo como unos animales abstractos o es que su imaginación, animación, y tal vez las copas les dan a éstos todas las cualidades de animales vivos con todos sus instintos? ¿Y qué es lo que pasa cuando hablan de las combinaciones de animales y hombres? ¿Son estos sátiros, centauros, sirenas y ninfas solamente monstruos mitológicos o es que sienten que llevan ellos mismos, los bohemios, algo de esta combinación dentro de su propio ser?

7 ¿Pueden relacionar la contestación que ha dado usted a la última pregunta con el desenlace del cuento?

8 ¿Cómo es el ritmo de esta prosa?

9 Sin duda es una prosa sumamente delicada y graciosa. ¿Cómo consigue estas cualidades el autor? ¿Repite frases y expresiones? ¿Usa mucha expresión parentética?

10 ¿Quién es el foco de la atención durante todo el cuento? ¿Qué tiene esto que ver con lo delicado y gracioso del estilo de Rubén Darío?

Cuarto Paso: Primeras Pruebas

1 Trate de comenzar su primer párrafo con una frase que tenga más o menos la misma estructura que la que empleó Rubén Darío para comenzar su cuento.

2 Escriba el primer párrafo combinando todos los sentidos posibles. Si esto le es muy difícil, puede tratar de combinar solamente dos sentidos. Si no se puede gozar sensualmente de su párrafo no está bien escrito.

Quinto Paso: Creación

Termine el tema, procurando combinar lo sensual y lo erótico con lo artístico, dando mucha atención a los colores, a los sonidos, a todas las sensaciones que tienen que ver con los sentidos. El tema puede ser sencillamente "una orgía de colores y sonidos." Hay ciertos temas que se prestan a este tipo de composición como una fiesta mexicana con los mariachis y los trajes típicos, una corrida de toros, una zambra. Toda fiesta que tenga música, color, y alegría sería buen asunto.

Sexto Paso: Lectura

1 Lectura, corrección, y discusión de los temas en clase.
2 Para la lectura de los temas en la clase hay que tener en cuenta el tono del modelo.

Sugerencias

Este cuento viene de un libro llamado *Azul*. Fue escrito por Rubén Darío, poeta de Nicaragua, en 1888. Con este pequeño libro, comenzó una nueva escuela literaria llamada Modernismo. Los modernistas tenían por lema "El arte por el arte" y combinaban diversos elementos en su prosa y poesía. Combinaban elementos de la mitología griega y latina, elementos del arte griego y latino, elementos de la poesía, la pintura, y la vida francesas, elementos exóticos del oriente, elementos de toda la pintura y de la música. Se puede afirmar que el Modernismo es una combinación bella de todos estos elementos en forma perfecta y que tiene el único objeto de crear belleza y agradar al lector. El genio de Rubén Darío consiste precisamente en su habilidad de unificar todos estos elementos diversos en una forma bella, pulida, y simétrica. Es arte que atrae a los cinco sentidos, arte lleno de colores, música, y sensualidad.

La lectura de este pequeño libro es muy agradable. Hay muchas ediciones baratas, como la de la Colección Austral, que contiene también una valiosa carta-prólogo de Juan Valera.

El ingenioso hidalgo don Quijote de la Mancha[*]

Miguel de Cervantes y Saavedra

En un lugar de la Mancha, de cuyo nombre no quiero acordarme, no ha mucho tiempo que vivía un hidalgo de los de lanza en astillero, adarga antigua, rocín flaco y galgo corredor. Una olla de algo más vaca que carnero, salpicón las más noches, duelos y quebrantos los sábados, lentejas los viernes, algún palomino de añadidura los domingos, consumían las tres partes de su hacienda. El resto de ella concluían sayo de velarte, calzas de velludo para las fiestas, con sus pantuflos de lo mismo y los días de entre semana se honraba con su vellorí de lo más fino. Tenía en su casa una ama que pasaba de los cuarenta y una sobrina que no llegaba a los veinte y un mozo de campo y plaza, que así ensillaba el rocín como tomaba la podadera. Frisaba la edad de nuestro hidalgo con los cincuenta años; era de complexión recia, seco de carnes, enjuto de rostro, gran madrugador y amigo de la caza. Quieren decir que tenía el sobrenombre de Quijada, o de Quesada, que en esto hay alguna diferencia, en los autores que de este caso escriben; aunque por conjeturas verosímiles se deja entender que se llamaba Quejana. Pero esto importa poco a nuestro cuento;

[*] Esta lección puede utilizarse como trabajo de honor para estudiantes de habilidad excepcional. No debe considerarse tarea obligatoria para toda la clase.

74

basta que en la narración de él no se salga un punto de la verdad.

Es, pues, de saber, que este sobredicho hidalgo, los ratos que estaba ocioso—que eran los más del año—, se daba a leer libros de caballerías con tanta afición y gusto, que olvidó casi de todo punto el ejercicio de la caza y aun la administración de su hacienda; y llegó a tanto su curiosidad y desatino en esto, que vendió muchas fanegas de tierra de sembradura para comprar libros de caballerías en que leer y así, llevó a su casa todos cuantos pudo haber de ellos; y de todos, ningunos le parecían tan bien como los que compuso el famoso Feliciano de Silva, porque la claridad de su prosa y aquellas entrincadas razones suyas le parecían de perlas y más cuando llegaba a leer aquellos requiebros y cartas de desafíos, donde en muchas partes hallaba escrito: "La razón de la sinrazón que a mi razón se hace, de tal manera mi razón enflaquece, que con razón me quejo de la vuestra fermosura." Y también cuando leía: ". . . los altos cielos que de vuestra divinidad divinamente con las estrellas os fortifican y os hacen merecedora del merecimiento que merece la vuestra grandeza."

Con estas razones perdía el pobre caballero el juicio y desvelábase por entenderlas y desentrañarles el sentido que no se lo sacara ni las entendiera el mismo Aristóteles, si resucitara para sólo ello. No estaba muy bien con las heridas que don Belianís daba y recibía, porque se imaginaba que, por grandes maestros que le hubiesen curado, no dejaría de tener el rostro y todo el cuerpo lleno de cicatrices y señales. Pero, con todo, alababa en su autor aquel acabar su libro con la promesa de aquella inacabable aventura y muchas veces le vino deseo de tomar la pluma y darle fin al pie de la letra, como allí se promete; y sin duda alguna lo hiciera y aun saliera con ello, si otros mayores y continuos pensamientos no se lo estorbaran. Tuvo muchas veces competencia con el cura de su lugar— que era hombre docto, graduado en Sigüenza—, sobre cuál había sido mejor caballero: Palmerín, de Inglaterra, o Amadís, de Gaula; mas maese Nicolás, barbero del mismo pueblo, decía que ninguno llegaba al Caballero del Febo y que si alguno se le podía comparar era don Galaor, hermano de Amadís de Gaula, porque tenía muy acomodada condición para todo; que no era caballero melindroso, ni tan llorón como su hermano y que en lo de la valentía no le iba en zaga.

En resolución, él se enfrascó tanto en su lectura, que se le pasaban las noches leyendo de claro en claro y los días de turbio en turbio; y así del poco dormir y del mucho leer, se le secó el cerebro, de manera que vino a perder el juicio. Llenósele la fantasía de todo aquello que leía en los libros, así de encantamientos como de pendencias, batallas, desafíos, heridas, requiebros, amores, tormentas y disparates imposibles; y asentósele de tal modo en la imaginación que era verdad toda aquella máquina de aquellas soñadas invenciones que leía, que para él no había otra historia más cierta en el mundo. Decía él que el Cid Ruy Díaz había sido muy buen caballero, pero que no tenía que ver con el Caballero de la Ardiente Espada, que de sólo un revés había partido por medio dos fieros y descomunales gigantes. Mejor estaba con Bernardo del Carpio, porque en Roncesvalles había muerto a Roldán el encantado, valiéndose de la industria de Hércules, cuando ahogó a Ateneo, el hijo de la Tierra, entre los brazos. Decía mucho bien del gigante Morgante, porque con ser de aquella generación gigante que todos son soberbios y descomedidos, él solo era afable y bien criado. Pero, sobre todos, estaba bien con Reynaldos de Montalbán, y más cuando le veía salir de su castillo y robar cuantos topaba y cuando en allente robó aquel ídolo de Mahoma, que era todo de oro, según dice su historia. Diera él por dar una mano de coces al traidor de Galalón, al ama que tenía y aun a su sobrina de añadidura.

En efecto, rematado ya su juicio, vino a dar en el más extraño pensamiento que jamás dio loco en el mundo y fue que le pareció convenible y necesario, así para el aumento de su honra como para el servicio de su república, hacerse caballero andante e irse por todo el mundo con sus armas y caballo a buscar las aventuras y a ejercitarse en todo aquello que él había leído que los caballeros andantes se ejercitaban, deshaciendo todo género de agravio y poniéndose en ocasiones y peligros donde, acabándolos, cobrase eterno nombre y fama. Imaginábase el pobre ya coronado por el valor de su brazo, por lo menos, del imperio de Trapisonda; y así, con estos tan agradables pensamientos, llevado del extraño gusto que en ellos sentía, se dio prisa a poner en efecto lo que deseaba. Y lo primero que hizo fue limpiar unas armas que habían sido de sus bisabuelos, que, tomadas de orín y llenas de moho, luengos siglos había que estaban puestas y olvidadas en un rincón. Limpiólas y aderezólas lo mejor que pudo; pero vio que tenían una gran falta y era que no tenían celada de encaje, sino morrión simple; mas a esto suplió su industria, porque de cartones hizo un modo de media celada, que encajada con el morrión hacía una apariencia de celada entera. Es verdad que para probar si era fuerte y podía estar al riesgo de una cuchillada, sacó su espada y le dio dos golpes y con el primero y en un punto deshizo lo que había hecho en una semana; y no dejó de parecerle mal la facilidad con que la había hecho pedazos y, por asegurarse de este peligro, la tornó a hacer de nuevo, poniéndole unas barras de hierro por de dentro de tal manera, que él quedó satisfecho de su fortaleza y sin querer hacer nueva experiencia de ella, la diputó y tuvo por celada finísima de encaje.

Fue luego a ver su rocín y aunque tenía más cuartos que un real y más tachas que el caballo de Gonela, que *tantum pellis et ossa fuit,* le pareció que ni el Bucéfalo de Alejandro ni Babieca el del Cid con él se igualaban. Cuatro días se le pasaron en imaginar qué nombre le pondría; porque según se decía él a sí mismo—no era razón que caballo de caballero tan famoso y tan bueno él por sí, estuviese sin nombre conocido; y así procuraba acomodársele de manera que declarase quién había sido antes que fuese de caballero andante y lo que era

77

entonces; pues estaba muy puesto en razón que, mudando su señor estado, mudase él también el nombre y le cobrase famoso y de estruendo, como convenía a la nueva orden y al nuevo ejercicio que ya profesaba; y así, después de muchos nombres que formó, borró y quitó, añadió, deshizo y tornó a hacer en su memoria e imaginación, al fin le vino a llamar Rocinante, nombre, a su parecer, alto, sonoro y significativo de lo que había sido cuando fue rocín, antes de lo que ahora era, que era antes y primero de todos los rocines del mundo.

Puesto nombre y tan a su gusto, a su caballo, quiso ponérsele a sí mismo y en este pensamiento duró otros ocho días y al cabo se vino a llamar don Quijote; de donde, como queda dicho, tomaron ocasión los autores de esta tan verdadera historia que, sin duda, se debía de llamar Quijada y no Quesada, como otros quisieron decir. Pero acordándose que el valeroso Amadís no sólo se había contentado con llamarse Amadís a secas, sino que añadió el nombre de su reino y patria, por hacerla famosa y se llamó Amadís de Gaula, así quiso, como buen caballero, añadir al suyo el nombre de la suya y llamarse don Quijote de la Mancha, con que, a su parecer, declaraba muy al vivo su linaje y patria y la honraba con tomar el sobrenombre de ella.

Limpias, pues, sus armas, hecho el morrión celada, puesto nombre a su rocín y confirmándose a sí mismo, se dio a entender que no le faltaba otra cosa sino buscar una dama de quien enamorarse; porque el caballero andante sin amores era árbol sin hojas y sin fruto y cuerpo sin alma. Decíase él: "Si yo, por malos de mis pecados, o por mi buena suerte, me encuentro por ahí con algún gigante, como de ordinario les acontece a los caballeros andantes y le derribo en un encuentro, o le parto por mitad del cuerpo, o, finalmente, le venzo y le rindo, ¿no será bien tener a quien enviarle presentado y que entre y se hinque de rodillas ante mi dulce señora y diga con voz humilde y rendida: 'Yo, señora, soy el gigante Caraculiambro, señor de la ínsula Malindrania, a quien venció en singular batalla el jamás como se debe alabado caballero don Quijote de la Mancha, el cual me mandó que me presentase ante la vuestra merced, para que la vuestra grandeza disponga de mí a su talante'?" ¡Oh; cómo se holgó nuestro buen caballero cuando hubo hecho este discurso y más cuando halló a quien dar nombre de su dama! Y fue, a lo que se cree, que en un lugar cerca del suyo había una moza labradora de muy buen parecer, de quien él un tiempo anduvo enamorado, aunque, según se entiende, ella jamás lo supo ni se dio cata de ello. Llamábase Aldonza Lorenzo y a esta le pareció ser bien darle título de señora de sus pensamientos y, buscándole nombre que no desdijese mucho del suyo y que tirase y se encaminase al de princesa y gran señora, vino a llamarla Dulcinea del Toboso, porque era natural del Toboso; nombre, a su parecer, músico y peregrino y significativo, como todos los demás que a él y a sus cosas había puesto.

Hechas, pues, estas prevenciones, no quiso aguardar más tiempo a poner en efecto su pensamiento, apretándole a ello la falta que él pensaba que hacía en el mundo su tardanza, según era los agravios que pensaba deshacer, tuertos que enderezar, sinrazones que enmendar y abusos que mejorar y deudas que satisfacer. Y así, sin dar parte a persona alguna de su intención y sin que nadie le viese, una mañana, antes del día, que era uno de los calurosos del mes de julio, se armó de todas sus armas, subió sobre Rocinante, puesta su mal compuesta celada, embrazó su adarga, tomó su lanza y por la puerta falsa de un corral salió al campo, con grandísimo contento y alborozo de ver con cuánta facilidad había dado principio a su buen deseo. Mas apenas se vio en el campo, cuando le asaltó un pensamiento terrible y tal, que por poco le hiciera dejar la comenzada empresa; y fue que le vino a memoria que no era armado caballero y que, conforme a la ley de caballería, ni podía ni debía tomar armas con ningún caballero; y puesto que lo fuera había de llevar armas blancas, como novel caballero, sin empresa en el escudo, hasta que por su esfuerzo la ganase.

Primer Paso: Comprensión

1 Lea el capítulo en voz alta. Esta lectura que hace en casa tiene que ser animada y briosa.

2 Para la traducción de este trozo del *Quijote* debe ver y leer primero una traducción profesional. Hay muchas traducciones del *Quijote;* quizás la más conocida es la de Samuel Putnam.

3 Con la ayuda de una traducción profesional debe hacer la traducción de este trozo.

4 Tiene usted el derecho, como lo tiene todo el mundo, de discutir y comentar la traducción del *Quijote* hecha por el traductor profesional.

5 Trate de traducir la selección según su propia sensibilidad; sea un poco valiente y arriesgado en el manejo de su propio lenguaje, metiendo palabras, giros, y modismos de la actualidad.

6 Responda por todas las palabras y expresiones en el texto.

Segundo Paso: Estudio Gramatical

(Suprimido en esta lección para estudiantes avanzados)

Tercer Paso: Discusión Estilística

1 Discuta la rapidez o la morosidad de esta prosa cervantina.

2 ¿La prosa refleja el espíritu de una nación que está en el apogeo de su poder político y que tiene fe en su destino universal?

3 Estudie el ritmo de la frase.

4 Analice la sintaxis de la frase cervantina. ¿Es una frase compleja o sencilla? Compare esta frase con la frase de Azorín o la de don Pío Baroja.

5 ¿Son las frases afirmativas o negativas?

6 ¿Tarda mucho Cervantes en describir a don Quijote? ¿Más o menos cuántos adjetivos emplea?

7 ¿Tiene que ver con el corto número de adjetivos y expresiones que emplea Cervantes para describir a su héroe el hecho de que el lector ya sabe cómo son estos lugares de la Mancha y ya conoce a estos hidalgos de lanza y adarga?

8 ¿Demora mucho Cervantes en explicar o justificar la extraña manía o locura de don Quijote? ¿El hecho de que todo el mundo de aquel entonces leía novelas de caballerías habrá ayudado a Cervantes en su descripción de esta locura?

9 ¿Repite Cervantes conjunciones innecesarias en su prosa? ¿Cómo evita esta repetición inútil de las conjunciones? ¿Contribuye algo a la armonía de su prosa el evitar estas repeticiones?

10 Discuta la importancia de los modismos y proverbios en esta selección.

Cuarto Paso: Primeras Pruebas

1 El estilo de Cervantes, su frase, y sobre todo su genio, ejercen una influencia sempiterna sobre todo escritor español. Muchos son los que han tratado de imitarle, unos con más éxito que los otros. Entonces no es usted el primero en probar fortuna. Abajo citamos un trozo de un novelista del siglo veinte que tuvo un éxito considerable y que vendió muchos libros, aunque no se considera un autor de los mejores. Fácil les será ver cómo este autor, Ricardo León, ha pedido prestado, hasta ha plagiado varias expresiones del mismo *Quijote* y de otros autores. Es curioso ver aquí cómo Ricardo León abiertamente se vale de una novela *Gil Blas de Santillana* del padre Islas como modelo para su obra.

Compatriota de Gil Blas, soñador, rebelde, poeta y enamorado, era Jesús de Ceballos un mozo de gallarda estampa, alto de estatura, enjuto de miembros, grave de expresión. Tenía la tez morena y pálida, los ojos grandes y ardientes, la nariz aguileña, la boca húmeda y sensual y una altiva cabeza de melenas románticas. Era hijo de un hidalgo montañés—uno de esos mayorazgos que aun quedan, tallados en viejo pedernal, en los rincones de Cantabria—, el cual hidalgo vivía, de luengos años, en su casa solariega de Santillana, olvidado del mundo. Nacido y educado Jesús en aquella villa silenciosa, nutrido el pensamiento de antiguas memorias y excitada la fantasía con libros de aventuras, fue poco a poco cultivando el deseo de ver cosas

81

nuevas, de echar el alma a volar, como una alondra y huir de
aquel sepulcro de muertos y vivos en que moraba ocioso. Aquella
noche había puesto en práctica su pensamiento, saliendo hurtadamente de la villa y dejando el blando sosiego de su casa para
cabalgar a su gusto tierra adelante.

2 El objeto principal del tema será describir a un hombre y
después arrancarle de su hogar y ponerle en el camino de
la aventura.

Quinto Paso: Creación

Termine el tema procurando imitar con frases originales las
siguientes expresiones y modismos. Aprendidos, han de emplearse en su tema.

a. ... y un mozo de campo y plaza, que así ensillaba el
rocín como tomaba la podadera. ... *and a lad for field
and market place, who used to saddle his nag as well as
handle the pruning knife.*

b. ... era de complexión recia, seco de carnes, enjuto de
rostro, gran madrugador y amigo de la caza. ... *he
had a strong constitution, little flesh on his bones, a lean
face, and was an early riser and liked hunting.* Fíjese usted
en que el adjetivo viene primero, *v.gr.* enjuto; después
viene una preposición, *v.gr.* de; y finalmente viene la
parte descrita, *v.gr.* rostro; debe usted seguir esta sintaxis
en su tema.

c. En efecto, rematado ya su juicio, vino a dar en el más
extraño pensamiento que jamás dio loco en el mundo.
*In short, when his wits were quite gone, he hit upon the
strangest idea ever conceived by a madman in this world.*
No deje de fijarse en la economía de esta expresión, rematado su juicio; aquí, en vez de toda una cláusula, se emplea
el participio pasado, que suele llamarse participio en
español.

Sexto Paso: Lectura

Lectura, corrección, y discusión de los temas en clase.

Sugerencias

Siendo el *Quixote* la novela más conocida del mundo, seguramente no hay necesidad de hacer resumen o descripción aquí. Muchos lectores sabrán ya que nuestro trozo viene de la primera parte de la novela. Después de esta corta introducción don Quixote comienza una larga serie de aventuras guiado por su idealismo o su locura y acompañado de Sancho Panza. La novela ha servido de inspiración para muchos novelistas de muchos países. Se considera la primera de las novelas modernas.

La obra del padre Islas, mencionada en el Cuarto Paso, es una traducción bastante buena de la novela de un francés, Lesage. Lesage también se valió de modelos españoles para escribir su obra. Es, pues, una tendencia antigua y arraigada la de aprovecharse de modelos literarios. ¿Sabe el lector de otros casos?

Tabla de Verbos

Simple Tenses of the Regular Verbs

INFINITIVE

hablar	comer	vivir

PRESENT PARTICIPLE

hablando	comiendo	viviendo

PAST PARTICIPLE

hablado	comido	vivido

Indicative Mood

PRESENT INDICATIVE

hablo	como	vivo
hablas	comes	vives
habla	come	vive
hablamos	comemos	vivimos
habláis	coméis	vivís
hablan	comen	viven

IMPERFECT INDICATIVE

hablaba	comía	vivía
hablabas	comías	vivías
hablaba	comía	vivía
hablábamos	comíamos	vivíamos
hablabais	comíais	vivíais
hablaban	comían	vivían

PRETERITE INDICATIVE

hablé	comí	viví
hablaste	comiste	viviste
habló	comió	vivió

hablamos	comimos	vivimos
hablasteis	comisteis	vivisteis
hablaron	comieron	vivieron

FUTURE INDICATIVE

hablaré	comeré	viviré
hablarás	comerás	vivirás
hablará	comerá	vivirá
hablaremos	comeremos	viviremos
hablaréis	comeréis	viviréis
hablarán	comerán	vivirán

CONDITIONAL INDICATIVE OR PAST FUTURE

hablaría	comería	viviría
hablarías	comerías	vivirías
hablaría	comería	viviría
hablaríamos	comeríamos	viviríamos
hablaríais	comeríais	viviríais
hablarían	comerían	vivirían

Subjunctive Mood

PRESENT SUBJUNCTIVE

hable	coma	viva
hables	comas	vivas
hable	coma	viva
hablemos	comamos	vivamos
habléis	comáis	viváis
hablen	coman	vivan

IMPERFECT SUBJUNCTIVE (-ra FORM)

hablara	comiera	viviera
hablaras	comieras	vivieras
hablara	comiera	viviera
habláramos	comiéramos	viviéramos
hablarais	comierais	vivierais
hablaran	comieran	vivieran

hablase	comiese	viviese
hablases	comieses	vivieses
hablase	comiese	viviese
hablásemos	comiésemos	viviésemos
hablaseis	comieseis	vivieseis
hablasen	comiesen	viviesen

Imperative Mood

habla tú	come tú	vive tú
hablad vosotros	comed vosotros	vivid vosotros

Compound Tenses of the Regular Verbs

PERFECT INFINITIVE

haber hablado	haber comido	haber vivido

PERFECT PARTICIPLE

habiendo hablado	habiendo comido	habiendo vivido

PRESENT PERFECT

he
has
ha
hemos   } hablado, comido, vivido
habéis
han

PLUPERFECT

había
habías
había
habíamos   } hablado, comido, vivido
habíais
habían

FUTURE PERFECT

habré
habrás
habrá
habremos
habréis
habrán
} hablado, comido, vivido

CONDITIONAL PERFECT

habría
habrías
habría
habríamos
habríais
habrían
} hablado, comido, vivido

PRESENT PERFECT SUBJUNCTIVE

haya
hayas
haya
hayamos
hayáis
hayan
} hablado, comido, vivido

PLUPERFECT SUBJUNCTIVE (-*ra* FORM)

hubiera
hubieras
hubiera
hubiéramos
hubierais
hubieran
} hablado, comido, vivido

PLUPERFECT SUBJUNCTIVE (-*se* FORM)

hubiese
hubieses
hubiese
hubiésemos
hubieseis
hubiesen
} hablado, comido, vivido

Stem-Changing Verbs

Class I: -ar and -er Verbs

Stressed stem-vowel e becomes ie, and stem-vowel o becomes ue.

PENSAR THINK

Pres. Indic.	pienso, piensas, piensa, pensamos, pensáis, piensan
Imperative	piensa, pensad
Pres. Subj.	piense, pienses, piense, pensemos, penséis, piensen

PERDER LOSE

Pres. Indic.	pierdo, pierdes, pierde, perdemos, perdéis, pierden
Imperative	pierde, perded
Pres. Subj.	pierda, pierdas, pierda, perdamos, perdáis, pierdan

CONTAR TELL

Pres. Indic.	cuento, cuentas, cuenta, contamos, contáis, cuentan
Imperative	cuenta, contad
Pres. Subj.	cuente, cuentes, cuente, contemos, contéis, cuenten

MOVER MOVE

Pres. Indic.	muevo, mueves, mueve, movemos, movéis, mueven
Imperative	mueve, moved
Pres. Subj.	mueva, muevas, mueva, movamos, mováis, muevan

Other important verbs of this class

acostar(se) put (go) to bed	negar deny
atravesar cross	probar prove
costar cost	recordar remember
empezar begin	rogar beg
encontrar find	volver return
entender understand	

Class II: -ir Verbs

Stressed stem-vowel e becomes ie, and stem-vowel o becomes ue. Unstressed e changed to i, and unstressed o changes to u before stressed a, ie, or ió.*

SENTIR FEEL

Pres. Part.	sintiendo
Pres. Indic.	siento, sientes, siente, sentimos, sentís, sienten
Preterite	sentí, sentiste, *sintió, sentimos, sentisteis, *sintieron

Imperative	siente, sentid
Pres. Subj.	sienta, sientas, sienta, *sintamos, *sintáis, sientan
*_Impf. Subj._	sintiera, sintieras, sintiera, sintiéramos, sintierais, sintieran
*_Impf. Subj._	sintiese, sintieses, sintiese, sintiésemos, sintieseis, sintiesen

MORIR DIE

*_Pres. Part._	muriendo
Pres. Indic.	muero, mueres, muere, morimos, morís, mueren
Preterite	morí, moriste, *murió, morimos, moristeis, *murieron
Imperative	muere, morid
Pres. Subj.	muera, mueras, muera, *muramos, *muráis, mueran
*_Impf. Subj._	muriera, murieras, muriera, muriéramos, murierais, murieran
*_Impf. Subj._	muriese, murieses, muriese, muriésemos, murieseis, muriesen

Other important verbs of this class

advertir warn	herir wound
arrepentirse repent	hervir boil
consentir consent	mentir lie
divertir(se) amuse (oneself)	preferir prefer
dormir sleep	referir refer

Class III: ir Verbs

Stressed stem-vowel **e** becomes **i**. Unstressed **e** changes to **i** before stressed **a**, **ie**, or **ió**.*

PEDIR ASK FOR

*_Pres. Part._	pidiendo
Pres. Indic.	pido, pides, pide, pedimos, pedís, piden
Preterite	pedí, pediste, *pidió, pedimos, pedisteis, *pidieron
Imperative	pide, pedid
*_Pres. Subj._	pida, pidas, pida, pidamos, pidáis, pidan
*_Impf. Subj._	pidiera, pidieras, pidiera, pidiéramos, pidierais, pidieran
*_Impf. Subj._	pidiese, pidieses, pidiese, pidiésemos, pidieseis, pidiesen

Other important verbs of this class

concebir conceive	**repetir** repeat
despedir(se) dismiss, take leave	**seguir** follow
elegir elect	**servir** serve
impedir prevent	**vestir(se)** dress

Spelling-Changing Verbs

1. In some verbs spelling changes occur in certain forms in order that the sound of the final consonant of the stem remain unchanged. Only forms involving changes are given.

    a. Verbs ending in **-car** change **c** to **qu** before **e**.

SACAR   TAKE OUT

Preterite	yo saqué
Pres. Subj.	saque, saques, saque, saquemos, saquéis, saquen

    b. Verbs ending in **-gar** change **g** to **gu** before **e**.

PAGAR   PAY

Preterite	yo pagué
Pres. Subj.	pague, pagues, pague, paguemos, paguéis, paguen

    c. Verbs ending in **-guar** change **gu** to **gü** before **e**.

AVERIGUAR   ASCERTAIN

Preterite	yo averigüé
Pres. Subj.	averigüe, averigües, averigüe, averigüemos, averigüéis, averigüen

    d. Verbs ending in **-zar** change **z** to **c** before **e**.

GOZAR   ENJOY

Preterite	yo gocé
Pres. Subj.	goce, goces, goce, gocemos, gocéis, gocen

    e. Verbs ending in **-cer** or **-cir** preceded by a consonant change **c** to **z** before **a** or **o**.

VENCER   CONQUER

Pres. Indic.	yo venzo
Pres. Subj.	venza, venzas, venza, venzamos, venzáis, venzan

    f. Verbs ending in **-ger** or **-gir** change **g** to **j** before **a** or **o**.

ESCOGER CHOOSE

Pres. Indic.	yo escojo
Pres. Subj.	escoja, escojas, escoja, escojamos, escojáis, escojan

DIRIGIR DIRECT

Pres. Indic.	yo dirijo
Pres. Subj.	dirija, dirijas, dirija, dirijamos, dirijáis, dirijan

g. Verbs ending in -guir change gu to g before a or o.

DISTINGUIR DISTINGUISH

Pres. Indic.	yo distingo
Pres. Subj.	distinga, distingas, distinga, distingamos, distingáis, distingan

2. In some verbs there are spelling changes that may also involve changes in the sound of the stem.

a. A number of verbs require a change from unstressed i to y between vowels.

CREER BELIEVE (also LEER, PROVEER, etc.)

Pres. Part.	creyendo
Preterite	él creyó, ellos creyeron
Impf. Subj.	creyera, creyeras, creyera, creyéramos, creyerais, creyeran
Impf. Subj.	creyese, creyeses, creyese, creyésemos, creyeseis, creyesen

b. In verbs ending in -uir (except -guir and -quir) unstressed i becomes y between vowels;* also y is inserted after the stem-vowel u and the ending vowels a, e, or o.

CONSTRUIR BUILD (also FLUIR, HUIR, etc.)

*Pres. Part.	construyendo
Pres. Indic.	construyo, construyes, construye, construimos, construís, construyen
*Preterite	él construyó, ellos construyeron
Pres. Subj.	construya, construyas, construya, construyamos, construyáis, construyan
*Impf. Subj.	construyera, construyeras, construyera, construyéramos, construyerais, construyeran
*Impf. Subj.	construyese, construyeses, construyese, construyésemos, construyeseis, construyesen
Imperative	construye, construid

92

c. A number of verbs ending in -iar and -uar (except -guar) require a written accent on the i and the u when these vowels are stressed.

ENVIAR   SEND (contrast LIMPIAR   CLEAN)

Pres. Indic.   envío, envías, envía, enviamos, enviáis, envían
Pres. Subj.   envíe, envíes, envíe, enviemos, enviéis, envíen

CONTINUAR   CONTINUE

Pres. Indic.   continúo, continúas, continúa, continuamos, continuáis, continúan
Pres. Subj.   continúe, continúes, continúe, continuemos, continuéis, continúen

d. Stem-changing verbs ending in -eir require a written accent on stressed i. (One i is lost when the stem-vowel i precedes the diphthongs ie and io.*)

REIR   LAUGH (also FREIR, SONREIR)

Pres. Part.   *riendo
Past Part.   reído
Pres. Indic.   río, ríes, ríe, reímos, reís, ríen
Preterite   reí, reíste, *rio, reímos, reísteis, *rieron
Pres. Subj.   ría, rías, ría, riamos, riais, rían
Impf. Subj.   riera, rieras, riera, riéramos, rierais, rieran
Impf. Subj.   riese, rieses, riese, riésemos, rieseis, riesen
Imperative   ríe, reíd

e. When the stem of a verb ends in ll or ñ, the i of the diphthongs ie and ió is dropped.

BULLIR   BOIL

Pres. Part.   bullendo
Preterite   él bulló, ellos bulleron
Impf. Subj.   bullera, bulleras, bullera, bulléramos, bullerais, bulleran
Impf. Subj.   bullese, bulleses, bullese, bullésemos, bulleseis, bullesen

REÑIR   SCOLD, QUARREL

Pres. Part.   riñendo
Preterite   él riñó, ellos riñeron
Impf. Subj.   riñera, riñeras, riñera, riñéramos, riñerais, riñeran
Impf. Subj.   riñese, riñeses, riñese, riñésemos, riñeseis, riñesen

93

Irregular Verbs

Most of the following verbs have irregular stems in the preterite along with other irregularities. Where such verbs follow the pattern of **andar**, only that notation will be made; e.g., cupe, etc.; cf. **andar**.

ANDAR WALK

Preterite	anduve, anduviste, anduvo, anduvimos, anduvisteis, anduvieron
Impf. Subj.	anduviera, anduvieras, anduviera, anduviéramos, anduvierais, anduvieran
Impf. Subj.	anduviese, anduvieses, anduviese, anduviésemos, anduvieseis, anduviesen

CABER BE CONTAINED IN, FIT

Pres. Indic.	quepo; other person forms regular
Pres. Subj.	quepa, quepas, quepa, quepamos, quepáis, quepan
Future	cabré, cabrás, cabrá, cabremos, cabréis, cabrán
Conditional	cabría, cabrías, cabría, cabríamos, cabríais, cabrían
Preterite	cupe, etc.; cf. **andar**

CAER FALL

Pres. Part.	cayendo
Past Part.	caído
Pres. Indic.	caigo; other person forms regular
Pres. Subj.	caiga, caigas, caiga, caigamos, caigáis, caigan
Preterite	caí, caíste, cayó, caímos, caísteis, cayeron
Impf. Subj.	cayera, cayeras, cayera, cayéramos, cayerais, cayeran
Impf. Subj.	cayese, cayeses, cayese, cayésemos, cayeseis, cayesen

CONDUCIR CONDUCT

(similarly, all verbs ending in **-ducir**)

Pres. Indic.	conduzco; other person forms regular
Pres. Subj.	conduzca, conduzcas, conduzca, conduzcamos, conduzcáis, conduzcan
Preterite	conduje, etc.; cf. **andar**

CONOCER KNOW

(similarly, all verbs ending in **-cer** and **-cir** preceded by a vowel, except **cocer, decir, hacer, mecer,** and their compounds)

Pres. Indic.	conozco; other person forms regular
Pres. Subj.	conozca, conozcas, conozca, conozcamos, conozcáis, conozcan

DAR GIVE

Pres. Indic.	doy; other person forms regular
Pres. Subj.	dé, des, dé, demos, deis, den
Preterite	di, diste, dio, dimos, disteis, dieron
Impf. Subj.	diera, dieras, diera, diéramos, dierais, dieran
Impf. Subj.	diese, dieses, diese, diésemos, dieseis, diesen

DECIR SAY

Pres. Part.	diciendo
Past Part.	dicho
Pres. Indic.	digo, dices, dice, decimos, decís, dicen
Pres. Subj.	diga, digas, diga, digamos, digáis, digan
Future	diré, dirás, dirá, diremos, diréis, dirán
Conditional	diría, dirías, diría, diríamos, diríais, dirían
Preterite	dije, etc.; cf. **andar**
Imperative	di

ESTAR BE

Pres. Indic.	estoy, estás, está, estamos, estáis, están
Pres. Subj.	esté, estés, esté, estemos, estéis, estén
Preterite	estuve, etc.; cf. **andar**
Imperative	está

HABER HAVE

Pres. Indic.	he, has, ha, hemos, habéis, han
Pres. Subj.	haya, hayas, haya, hayamos, hayáis, hayan
Future	habré, habrás, habrá, habremos, habréis, habrán
Conditional	habría, habrías, habría, habríamos, habríais, habrían
Preterite	hube, etc.; cf. **andar**
Imperative	hé

HACER DO, MAKE

Past Part.	hecho
Pres. Indic.	hago; other person forms regular
Pres. Subj.	haga, hagas, haga, hagamos, hagáis, hagan
Future	haré, harás, hará, haremos, haréis, harán
Conditional	haría, harías, haría, haríamos, haríais, harían
Preterite	hice, etc.; cf. **andar**
Imperative	haz

IR	GO
Pres. Part.	yendo
Pres. Indic.	voy, vas, va, vamos, vais, van
Pres. Subj.	vaya, vayas, vaya, vayamos, vayáis, vayan
Impf. Indic.	iba, ibas, iba, íbamos, ibais, iban
Preterite	fui, fuiste, fue, fuimos, fuisteis, fueron
Impf. Subj.	fuera, fueras, fuera, fuéramos, fuerais, fueran
Impf. Subj.	fuese, fueses, fuese, fuésemos, fueseis, fuesen
Imperative	ve

OIR	HEAR
Pres. Part.	oyendo
Past Part.	oído
Pres. Indic.	oigo, oyes, oye, oímos, oís, oyen
Pres. Subj.	oiga, oigas, oiga, oigamos, oigáis, oigan
Preterite	oí, oíste, oyó, oímos, oísteis, oyeron
Impf. Subj.	oyera, oyeras, oyera, oyéramos, oyerais, oyeran
Impf. Subj.	oyese, oyeses, oyese, oyésemos, oyeseis, oyesen
Imperative	oye

PODER	BE ABLE
Pres. Part.	pudiendo
Pres. Indic.	puedo, puedes, puede, podemos, podéis, pueden
Pres. Subj.	pueda, puedas, pueda, podamos, podáis, puedan
Future	podré, podrás, podrá, podremos, podréis, podrán
Conditional	podría, podrías, podría, podríamos, podríais, podrían
Preterite	pude, etc.; cf. **andar**

PONER	PUT
Past. Part.	puesto
Pres. Indic.	pongo; other person forms regular
Pres. Subj.	ponga, pongas, ponga, pongamos, pongáis, pongan
Future	pondré, pondrás, pondrá, pondremos, pondréis, pondrán
Conditional	pondría, pondrías, pondría, pondríamos, pondríais, pondrían
Preterite	puse, etc.; cf. **andar**
Imperative	pon

QUERER	WANT
Pres. Indic.	quiero, quieres, quiere, queremos, queréis, quieren
Pres. Subj.	quiera, quieras, quiera, queramos, queráis, quieran

Future	querré, querrás, querrá, querremos, querréis, querrán
Conditional	querría, querrías, querría, querríamos, querríais, querrían
Preterite	quise, etc.; cf. **andar**
Imperative	quiere

SABER KNOW

Pres. Indic.	sé; other person forms regular
Pres. Subj.	sepa, sepas, sepa, sepamos, sepáis, sepan
Future	sabré, sabrás, sabrá, sabremos, sabréis, sabrán
Conditional	sabría, sabrías, sabría, sabríamos, sabríais, sabrían
Preterite	supe, etc.; cf. **andar**

SALIR GO OUT, LEAVE

Pres. Indic.	salgo; other person forms regular
Pres. Subj.	salga, salgas, salga, salgamos, salgáis, salgan
Future	saldré, saldrás, saldrá, saldremos, saldréis, saldrán
Conditional	saldría, saldrías, saldría, saldríamos, saldríais, saldrían
Imperative	sal

SER BE

Pres. Indic.	soy, eres, es, somos, sois, son
Pres. Subj.	sea, seas, sea, seamos, seáis, sean
Impf. Indic.	era, eras, era, éramos, erais, eran
Preterite	fui, fuiste, fue, fuimos, fuisteis, fueron
Impf. Subj.	fuera, fueras, fuera, fuéramos, fuerais, fueran
Impf. Subj.	fuese, fueses, fuese, fuésemos, fueseis, fuesen
Imperative	sé

TENER HAVE

Pres. Indic.	tengo, tienes, tiene, tenemos, tenéis, tienen
Pres. Subj.	tenga, tengas, tenga, tengamos, tengáis, tengan
Future	tendré, tendrás, tendrá, tendremos, tendréis, tendrán
Conditional	tendría, tendrías, tendría, tendríamos, tendríais, tendrían
Preterite	tuve, etc.; cf. **andar**
Imperative	ten

TRAER BRING

Pres. Part.	trayendo
Past Part.	traído
Pres. Indic.	traigo; other person forms regular
Pres. Subj.	traiga, traigas, traiga, traigamos, traigáis, traigan
Preterite	traje, etc.; cf. **andar**

VALER BE WORTH

Pres. Indic.	valgo; other person forms regular
Pres. Subj.	valga, valgas, valga, valgamos, valgáis, valgan
Future	valdré, valdrás, valdrá, valdremos, valdréis, valdrán
Conditional	valdría, valdrías, valdría, valdríamos, valdríais, valdrían
Imperative	val(e)

VENIR COME

Pres. Part.	viniendo
Pres. Indic.	vengo, vienes, viene, venimos, venís, vienen
Pres. Subj.	venga, vengas, venga, vengamos, vengáis, vengan
Future	vendré, vendrás, vendrá, vendremos, vendréis, vendrán
Conditional	vendría, vendrías, vendría, vendríamos, vendríais, vendrían
Preterite	vine, etc.; cf. **andar**
Imperative	ven

VER SEE

Past. Part.	visto
Pres. Indic.	veo; other person forms regular
Pres. Subj.	vea, veas, vea, veamos, veáis, vean
Impf. Indic.	veía, veías, veía, veíamos, veíais, veían

98

Verbos Empleados con Preposición

acabar: — de finish, have just; — con finish, exhaust; — por end by

acertar a chance to, manage to; succeed in

acordarse de remember

acostumbrarse a be accustomed to, get used to

alegrarse de be glad to

alejarse de go away from

amenazar con threaten to, *or* with

animar: — a encourage to; —se a make up one's mind to

apresurarse a hasten to, hurry to

apurarse por worry about

arrepentirse de repent of, be sorry for

asomarse a appear at, look out of

asombrarse de be astonished at

aspirar a aspire to

asustarse de be frightened at

atreverse a dare

aventurarse a venture

avergonzarse de be ashamed of

ayudar a help to, aid to

bastar: — para *or* a be sufficient to; — con have enough with

burlarse de make fun of

cansarse de grow tired of

carecer de lack

casarse con marry

cesar de cease to, stop

complacerse en take pleasure in

comprometerse a obligate oneself to

condenar a condemn to

confiar en trust

conformarse a conform to

consagrarse a devote oneself to

consentir en consent to

consistir en consist of

contar con count on, rely on

contentarse con content oneself with

contribuir a contribute to

convenir en agree to

convertirse en become

convidar a *or* para invite to

cuidar de take care of *or* to

dar: — a open on, face; — con come upon; — en persist in

decidirse: — a make up one's mind to; — por decide on

dedicarse a devote oneself to

dejar let, allow, permit; — de stop, fail to

desafiar a dare to, challenge to

despedirse de take leave of

99

determinarse a make up one's mind to
disculparse de excuse oneself for
disfrutar de enjoy (*a thing*)
disponerse a get ready to
divertirse en *or* **con** amuse oneself by
dudar: — **de** doubt; — **en** hesitate to

echarse a begin to
empeñarse en insist on
enamorarse de to fall in love with
encargarse de undertake to, take charge of
encontrarse con find, meet with, come upon
enterarse de find out about
entrar: — **en** enter; — **a** enter, enter on
entretenerse en *or* **con** entertain oneself by *or* with
enviar a send to
equivaler a be equivalent to
esforzarse a, para, por, *or* **en** strive to
esmerarse en take pains in
esperar hope, expect; wait; — **a** wait for, until
estar: — **para** be about to; — **por** be in favor of, be inclined to
exponerse a expose oneself to
extrañarse de be surprised at *or* to

faltar a be absent from, fail to (do)
felicitarse de congratulate oneself on
fijarse en notice

gozar: — **de** enjoy; — **se en** *or* **con** enjoy
guardarse de take care not to
gustar de be fond of

haber: — **de** have to, be going to; — **que** (*impersonal*) be necessary
hacer por try to; **estar hecho a** be accustomed to
huir de flee from, avoid

impacientarse por grow impatient for
incitar a incite to
inclinarse a be inclined to
incomodarse: — **con** be annoyed at; — **por** put oneself out to
insistir en insist on
inspirar a inspire to
instar a *or* **para** urge to
invitar a *or* **para** invite to
ir: — **a** go to; — **se de** leave

jactarse de boast of

limitarse a limit oneself to
luchar por *or* **para** struggle for *or* to

llegar a come to; go so far as; chance to

maravillarse de marvel at
marcharse de leave
meterse: — **a** take up; — **en** become involved in; — **con** provoke (*a person*)
molestarse en take the trouble to
morirse por be dying for (to)

negarse a refuse

100

obligar a oblige to
obstinarse en persist in
ocuparse: — de pay attention to,
    mind; — en busy oneself at
ofrecerse a offer to, promise to
olvidarse de forget
oponerse a be opposed to,
    oppose
optar por choose (to)

parar: — de stop, cease; —se a
    stop to; —se en stop at,
    bother to
parecerse a resemble
pasar a proceed to, pass on to
pensar: — de think of (have an
    opinion concerning); — en
    think of (have in mind)
persistir en persist in
persuadir a persuade to; estar
    persuadido de be convinced of
ponerse a set oneself to, begin to
preciarse de boast of
prepararse a or para prepare
    oneself to
prescindir de do without,
    neglect
prestarse a lend oneself to
principiar a begin to
probar a try to

quedar: — en agree to; — por
    remain to be; —se a or para
    remain to
quejarse de complain of

rabiar por be crazy about or to

rebajarse a stoop to
recrearse en amuse oneself by
reducirse a bring oneself to
renunciar a renounce, give up
resignarse a resign oneself to
resistirse a resist, refuse to
resolverse a resolve to
retirarse a retire, withdraw
reventar por be bursting to
romper: — a begin (suddenly)
    to; — con break off relations
    with

sentarse a or para sit down to
separarse de leave
servir: — de act as; — para be
    of use for; —se de use
soñar con dream of
sorprenderse de be surprised to
subir a go up to, climb, get on

tardar en take long to
terminar: — por end by; — de
    finish
tornar a return to; (do) again
trabajar: — por or para work to,
    strive to; — en work at
tratar: — de try to; address as;
    —se de be a question of
tropezar con come upon

vacilar en hesitate to
valerse de avail oneself of
venir a come to, amount to
ver de see to, look to, try to
volver a return to; (do) again

101

Vocabulario

The following vocabulary is not intended to be complete. Obvious cognates have been omitted, as have words and expressions familiar to all beginning Spanish students. In most cases, only the meaning pertinent to the text of *Creative Spanish* is given. Where this is misleading or atypical, special note is taken or other common meanings are also given.

Gender of nouns is indicated only when it is not obvious according to the usual -o or -a ending. Parts of speech are not designated except in rare cases where the Spanish context may not be clear. Verb translations are given without the English infinitive particle *to*. Adverbs ending in -**mente** are entered as such; past participles used as verbs, e.g. with **ser** in the passive voice, are entered in the infinitive form.

The student is urged to note that this vocabulary has been prepared specifically to help him with *Creative Spanish*. For other meanings of most entries, he is advised to become familiar with a more extensive Spanish-English dictionary. In this connection it must be stressed again that the student's first task with vocabulary is to learn it *in context* and to use it in a similar context, following, as always, the model of the master. With practice, and always with the guidance of the teacher, he may later go on to explore other more extensive regions.

abarcar take in, include
abatir humble, beat down
abeja bee
abejeo buzzing
abogado lawyer
abordar board
abrir open

abusar abuse; overuse
acantilado cliff, escarpment
acariciar caress
acaso perhaps
aceite *m.* oil
acercarse approach
acero steel

acierto achievement; correct answer

acomodado accomodating; suitable; comfortable

acomodar accomodate, fit

acontecer happen

acontecimiento event

acordarse agree; come to agreement; — **de** remember

adarga shield (*armament*)

aderezar prepare

admirativo admiring; awe-struck

Aduana Customs

advertir tell, advise; call someone's attention to something; —**se** notice, be aware of

afán *m.* zeal

afecto feeling, affection

afición zeal; liking; enthusiasm

afluente *m.* tributary

afrancesado Francophile

ágil agile

agradable agreeable, pleasant

agradar please, make happy

agradecer be grateful for

agravio grievance; wrong

agregar add

aguardar wait; await

agudamente sharply, distinctly

agudo sharp, witty

aguileño eagle-like

ahito full, stuffed

ahogar strangle; drown

ahorcar hang; strangle

airoso graceful

aisladamente in isolation

alabar praise

alabeado warped

albercón *m.* large pool or pond

albo white

alborozo joy

albura whiteness

alcance *m.* reach, range, ability; **de cortos** —**s** not too bright

alcayata spike; tenterhook

aldea village

alejarse move away

alforja saddle bag

algaraza (*var. of* **algarada** *or* **algazara**) outburst, uproar, tumult

algodón *m.* cotton

alhajado bejeweled; furnished

alimento food, nourishment

alivio relief, respite

alma soul

almacén *m.* storehouse; store

almendra almond

almidonado starched

alondra lark

altramuces *m. pl.* lupine seeds

altura height, altitude

alumbrar illuminate

alzar raise, lift

allanarse humble oneself; deign, condescend

allente: en — (*archaic*) abroad, in other countries

ama mistress, lady of the house

amanecer dawn

amargo bitter

amargura bitterness

ambiente *m.* atmosphere; mood

ambos *pl.* both

amedrentarse become frightened, take fright

amenazar threaten

amenizar add charm to, make pleasant

ametralladora machine gun

aminorar lessen, distinguish

amo master

amontonado heaped, piled

amparado sheltered, protected

ancho wide, broad; **a sus —as** at (their) leisure

andante: caballero — knight errant

andén *m.* platform (*of a railroad station*)

anhelo desire

anillo ring

animado spirited

animar encourage; **—se** cheer up, liven up

ánimo spirit; mind

añadidura addition; extra

añadir add

apacible peaceful

apaciblemente peacefully, quietly

apañado prosperous, plush

aparentar (*plus inf.*) seem

apenas hardly, scarcely

apogeo peak; height

apoyado supported, leaning

apretado tight, closed tightly

apretar squeeze; tighten; push, impel

aprovechar take advantage of

apuntar aim; note; point out

araña spider

arbolar raise upright; *m.* woods

arboleda woods, wooded area

arder burn

ardiente burning

arena sand

arenal *m.* sandy ground

arisco churlish, surly, sharp tongued

armadura armor, armament

armario closet, wardrobe

árnica arnica (*a medicinal plant*)

arraigado rooted; deep-rooted

arrancar pull out; snatch away

arrastrarse drag oneself; trail, drag; crawl

arrebatar snatch

arresto arrest; boldness

arriesgado daring, bold; dangerous, risky

arrojar throw

arroyuelo (*dim. of* **arroyo**) small creek, small arroyo

arrugado wrinkled

artero crafty, sly, artful

asegurar assure; insure

asentarse settle; become established

asero *Andalusian for* **acero**

asimismo likewise, in the same way

asombrado surprised, astonished

asombro surprise

áspero rough

astillero rack (*for a lance*)

asunto subject

atado tied

atascadero mudhole, bog; obstruction, interference (*as in speech*)

ataúd *m.* coffin, casket

atiborrado filled up, stuffed

atraer attract

atrevido bold, daring

atrio atrium; *courtyard in front of a church*

aula classroom

aumento increase

ave *f.* bird

averiguar find out

avidez *f.* avidity; greed

avisar advise; let know
avivar enliven; brighten
azabache *m.* jet

báculo shepherd's staff; walking stick
baja (*here*) casualty
bajar go down, descend
bala bullet
balancearse rock, swing
balsa pool, pond
barandado railing
barba chin
barco boat; ship
barranco ravine, gorge, gully
barrer sweep
belleza beauty
bendecir bless
bermellón *m.* vermillion
berrear bellow
besteiro (*Galician*) hunter of wild horses
bien: persona de — respectable person, honorable person
bienestar *m.* well-being
billar *m.* pool hall; billiards hall
bisabuelo great-grandfather
blanco: armas blancas plain armor (*armor without design or emblem*)
blancor *m.* whiteness
blando soft
blandurilla lavender pomade
bofetado blow, punch, slap
bohemio Bohemian
boleto ticket
bolso purse, pocketbook
borda gunwale (*of a ship*)
bordar embroider
borde *m.* border, edge
borgoña *m.* Burgundy wine

borrar erase
bosque *m.* woods;
bosquecillo *dim. of* bosque
bosquejar sketch
bosquejo sketch
boyada herd
bramar roar, bellow
bravo wild, fierce
brecha breech, opening
brillar shine
brioso brisk
broma joke
broncear bronze; brown; darken
brotar spring forth; bloom
bruma fog, mist
brumoso foggy, misty
bruñido burnished
bruto wild; uncouth
bufanda scarf, muffler
burbujeo bubbling
burla joke, taunt
burlón *adj.* mocking; joking
buscar seek, look for

cabalgar ride horseback
cabalmente exactly, precisely
caballería knight-errantry; *pl. adventure of knights in armor*
caballero gentleman; horseman; knight
cabellera hair
cabo end; al — finally
cabra goat
cacique *m.* local political boss
cadena chain
cadera hip
caja box, chest
caluroso hot
calzas *pl.* breeches, pants
calleja street, alley, lane
cámara chamber, room; cabin

cambiar change
cambio: a — de in exchange for; instead of; (*here, apparently*) with the result of
caminar go, walk
caminata trip, walk
camino path, road
campana bell
campanada sound of a bell, clang
campesino peasant
campo country; countryside
cándido innocent
candoroso innocent
canónigo priest
cansancio weariness
cantaleta serenade; mocking
cantar *m.* song, chant
canto song, chant
cañada gully, gulch
cañón *m.* canyon; cannon; barrel (*of a gun*)
capa cape
capaz capable
capilla chapel; **— ardiente** funeral chapel
capítulo chapter
capricho caprice, whim
caprichoso capricious
captar capture
caracol *m.* snail; snail shell; spit curl
carbón *m.* coal; charcoal
carburo carbide
carcajada loud laughter; shout of laughter
carcomido gnawed, worm-eaten
carga: volver a la — keep coming back; not give up
cargado loaded, charged
cariátide *f.* Caryatides

caridad *f.* charity; **en — de Dios** for the love of God
cariño affection
carmín *m.* scarlet
carnero sheep
caro expensive; dear
carpeta notebook
carroza chariot, carriage
cartel *m.* sign, poster
cartón *m.* cardboard
cascabeleo jingling, tinkling, ringing
cáscara shell, hull, peeling
casero of the house, domestic
casquillo: reir a — quitado laugh (their) head(s) off
castillo castle
casucha shack, hut
cata sample, test
cataplasma poultice
catarata cataract, waterfall
caterva swarm, mob
cauce *m.* channel
cauda tail
cautividad *f.* captivity
caza hunt, hunting
cazador *m.* hunter
cazar hunt
celada de encaje visor (*fitted to a helmet*)
celeste sky blue
celo zeal; *pl.* jealousy
celoso jealous; zealous
cementerio cemetery
ceniza ash
centelleante gleaming, sparkling
centenar *m.* hundred
ceñir put on (*as a belt*); cinch on
cerebro brain
cerro hill

césped *m.* lawn, turf, sod
cesta basket
cibdad *f.* (*Old Spanish*) **ciudad**
cicatriz *f.* scar
cigarra locust
cima top, summit
cimbrar(se) swing, sway, bend
cincel *m.* chisel
cincelado chiseled
cine *m.* the movies
cinta tape; ribbon
cisne *m.* swan
citar quote, cite
claro clear; **de — en —** from dark to dawn
cláusula clause
clavar fix, stick; nail
clave *f.* key (*also used as an invariable adjective*)
clérigo cleric; churchman
cobrar receive; win; earn
cocimiento cooking, boiling
coche car; coach
cofradía confraternity, association
cogote *m.* neck; throat
cohete *m.* rocket
cohetón *m.* large rocket
cola tail
colegio school (*usually primary or secondary*)
colgado hung, draped
colgar hang
colina hill
colirio eyewash
colocar place; locate
colodrillo back of neck
collar *m.* necklace
comadre *f.* woman-friend
comadrería gossiping
cometer commit

comisura union, juncture (*of lips, eyes, etc.*)
compadre *m.* comrade, buddy, friend
compañero companion
compartir share
competencia argument
complemento object (*as of a verb*)
complexión *f.* constitution; character
componer compose; repair
compuesto composed; repaired
concurso concourse; concurrence; cooperation
conde *m.* count (*title*)
condenado condemned
condición *f.* temperament
confianza trust, confidence
confianzudo overfriendly; presumptuous
confiar trust, entrust
conforme a according to
congoja anguish, suffering
conjunto sum total; composite
conmover move (*emotionally*)
conmovido moved (*emotionally*)
conocer know
conquistar conquer
conseguir achieve
consejero adviser, counselor
consejo advice
Consumos *pl.* Customs (*as at the entrance to a city or province; also, the tax paid at such a place*)
contagiado contaminated, infected; affected
contar count; tell
contorno region, area

108

contraecho (*for* contrahecho)
deformed
contrariar oppose
contundente bruising; forceful
convenible right, proper
convenir be proper; be right; be
well; os convendría saber it
would be well for you to know
convoy *m.* train; convoy
copa cup; glass; alcoholic drink
(*by extension*)
copo flake; fluff
coquetería flirting, coquetry
coraza shield (*armament*)
corbata necktie
coronado crowned
coronel *m.* colonel
corral *m.* corral, yard (*for ani-
mals*)
corregidor *m. chief magistrate of
a Spanish town*
correr run
corriente current; ordinary
cortés courteous
coser sew
cosquilla tickling
costear sail along the coast
costillas *pl.* side; ribs
costumbre *f.* custom
coz *m.* kick
crear create
crecer grow
creciente growing
crespón *m.* crape
criada servant, maid
criar raise, bring up (*as a child*)
criatura creature; child
crin *f.* mane
cristal *m.* crystal, glass
cuaderno notebook

cuadra stable
cuadro picture
cuarto quarter; room
cubierta deck; covering
cuchillada knife-cut; sword-cut
cuchufleta joke; taunt
cuello neck
cuenta: darse — de realize;
tener en — have in mind
cuerpo body
cuesta hill, slope; — abajo
downhill
cueva cave
cuidado care
cuidarse be careful
cumplido complete; —s ya los
diecisiete años being seven-
teen years old, going on
eighteen
cúmulo heap; cumulus; cumulus
cloud
cuna cradle; (*fig.*) source
cura *m.* priest
curiosidad *f.* peculiarity
curtido hide, tanned hide
cúspide *f.* peak

chaparro chaparro; chaparral (*a
kind of thicket or under-
brush*)
charlar talk, chat, chatter
chasqueado disappointed
chicuela *dim. of* chica girl
chichón *m.* bruise
chillar shriek; sing (*as a bird*)
chimenea smokestack
chiribitil *m.* shack; garret
chirigota joke, taunt
chispa spark
chiste *m.* joke
chupar suck

dar: — a face, open toward (*as a window*); — **en** hit upon; —**se cuenta de** realize; —**se por** consider oneself

datos *pl.* data; evidence

deber *m.* duty

debidamente duty

debido due

decidido decided, determined

deforme deformed

dejar leave, let

dejo trace

delgadez *f.* slenderness

demás other; **los** — the others; **lo** — the rest

demorar delay; wait

denominar name

dentellada bite

dentro within, inside

derramar shed, pour out

derribar knock down; vanquish

desafío challenge (*as to a duel*)

desafortunado unfortunate

desahogado comfortable, well-off

desarrollar develop

desarrollo development

desatino foolishness, madness

desazón *f.* annoyance, discomfort; unhappiness

desbaratar disrupt, throw into confusion; destroy

desbarrancarse fall over a precipice

desbordante overflowing

descomedido insolent

descomunal enormous

desdecir differ

desembocadura mouth (*of a river*)

desempedrar unpave; pound (*as by dancing*)

desencajado out of joint; out of sorts

desenfrenado unchecked, headlong

desengaño disillusionment

desenlace *m.* outcome

desentrañar untangle

desesperado desperate, hopeless

desgracia misfortune

desgranar shell (*as an ear of corn*)

deslizarse slide, slip, glide

desmayar lose heart; —**se** faint

desnudez *f.* nudeness, nakedness

desparpajo impudence, impunity; lack of care or preoccupation

despechado scorned, driven to despair

despedazar tear to bits

despedir dismiss; send out; see off; —**se** take leave

despegado loosened; detached

desplegar unfold; display; open

desprenderse break away, break free

destacado clear, standing out; outstanding

destartalado shabby, run-down

destino destiny, end, purpose

destruido destroyed

desvelarse stay awake at night

desventaja disadvantage

detallado detailed

deuda debt

devolver return, give back

dicho saying, proverb

dilatar dilate, expand

diluir dilute, thin

diputado deputy; parliamentary representative
diputar commission; deputize
dique *m.* dike, dam; check, stop
discóbolo discus thrower
discurso discourse, speech
diseminar spread out, disseminate
disfrutar enjoy
disimulo indulgence, tolerance
disparar shoot
disparate *m.* nonsense
disponer dispose
dispuesto graceful, sprightly
distar be distant
divertido funny
divisar make out, see
docto learned, educated
doloroso painful; pained
domar tame, break (*as a horse*)
don *title of respect used with a man's given name*
donosamente charmingly, gracefully
dorado gilded
dormitar doze
duelo sorrow; affliction; —s y quebrantos brains and eggs
dueño owner
dureza hardness
durmiente *m.* tie (*of a railroad*)

e (*Old Spanish*) y
echar throw; — un trago have a drink; — a (*plus inf.*) begin
efecto: en — in fact; actually
efectuarse be done, be carried out
ejemplar example; copy (*of a book*)
ejido commons; public land

elogio eulogy
embalsamado embalmed
embobado betwitched, entranced
embrazar take up; put on
empañado dimmed, dulled
empedernido stubborn, determined
empedrado paved
emplastro plaster, poultice
emplearse busy oneself; be employed
emprender begin, undertake
empresa enterprise; company
enano dwarf
encajado attached
encalado whitewashed
encaminarse a be on the way to; tend towards
encantador *adj.* enchanting
encantamiento enchantment
encendido lit; burning
encerrado imprisoned
endemoniado devilish, fiendish
enderezar set right
enflaquecer weaken
enfrascarse become involved
enfrentar confront, face
enfurecido angry, furious
enganchar hook, catch on a hook
engañado deceived
engullir gulp down
enjuto lean, skinny
enmendar correct
enojado angry
enredadera twining plant
enredado entangled, twisted
enredarse entangle, entwine
enseñar show; teach
ensueño dream; vision; hallucination .

ente *m.* being
enterado aware
enterar inform; tell; —**se** find out
entoldado covered; overcast
entornado half-closed
entrada entry
entrañas *pl.* bowels; insides
entregar hand in; hand over; deliver
entrego delivery
entrincado (*archaic for* **intrincado**) intricate, complicated
entristecerse become sad
enviar send
envuelto wrapped
equivaler be equivalent
erguir raise, lift up
erigirse elevate; be elevated; institute
ermitaño hermit
errar miss; err, go astray
esbozar sketch
escalera stairway; —**s arriba** on the way up the stairs
escarabajo scarab, black beetle
escolar *m.* student, pupil
escondido hidden
escudilla bowl
escudo shield; escutcheon
escupir spit, spit out
esfera sphere; face (*of a clock*)
esforzarse exert oneself, try
esfuerzo effort
esmeralda emerald
esmero meticulous care
espada sword
espalda back; shoulder
espantado frightened
espantar frighten
espejo mirror
espeso thick

espiga head (*as of wheat*)
espuma foam, froth
espumarajo froth; frothing at the mouth
esquema *m.* scheme; outline; sketch
esquina corner
estacionarse be stationary, remain stationary; become stationary
estado state; calling; profession
estallar *m.* bursting, explosion
estallido explosion
estampa printed picture; printing press; appearance
estancarse become stagnant; come to rest
estancia room
estanque *m.* pool, pond
estaño tin
estela wake (*of a ship*)
estertor *m.* death rattle
estorbar disturb; prevent
estorbo hindrance; obstacle
estrecharse become narrow; come close together
estrecheces *f. pl.* difficult times
estremecerse tremble, shiver
estremecimiento shudder, shiver
estribar rest on; be based on
estrofa verse (*of poetry*)
estropear ruin, harm; wear out
estruendo resounding noise
estupor *m.* stupor; amazement
evitar prevent; avoid
éxito success
extraño strange, rare
exvoto votive offering

fábrica factory, plant
falda skirt; slope

falderillo small lap dog
falta lack; **hacer** — be needed
falla defect; failure; **en** — having failed
fallecimiento death
fanega *a measure of land*
fantasía imagination
faro lighthouse
farol *m.* lantern; headlight
fastidioso irritating, bothersome, annoying
fealdad *f.* ugliness
febril feverish
felicidad *f.* happiness
feliz happy; lucky
feria fair, festival
fermosura (*archaic for* **hermosura**) beauty
ferrocarril *m.* railroad
ferroviario railroad, pertaining to a railroad
fidedigno trustworthy, reliable
fiel faithful
fiera wild beast
fiero wild, ferocious
fijar fix; —**se en** notice
fila row, line
fin *m.* end; **al** — finally; **en** — in short
flaco thin
flauta flute; pan pipe
flecha arrow
flor *f.*: **a** — **de** even with; at the surface of
florecilla (*dim. of* **flor**) small flower
florón *m.* large flower
flotante floating
foco bulb, light
fonda inn
fondo background

fortaleza strength; fortress
fracasar fail
fragua forge
fraile *m.* friar
franja fringe, strip
franquear open
frase *f.* sentence
fregar wash, scrub (*dishes, etc.*)
frente *f.* forehead
frisar con *or* **en** border on
fuente *f.* spring; fountain
fuera outside
fuerte strong
fuerza force, strength
fuga flight; escape; fugue
fulgir shine (*neologism, perhaps coined by Azorín*)
funesto fateful; fatal; sad
fusilería shooting; fusilade

gala: de — in full dress
galgo greyhound
gallardía grace; gallantry; nobility
gallardo graceful; gallant; noble
ganadero rancher
ganar win; achieve
garbo jauntiness; fine bearing
garboso sprightly, jaunty
Gaula Gaul
gaviota seagull
gemelo twin
gemir sigh, moan, groan
género kind, sort
genio genius; spirit
gentil genteel, elegant; terrific
gerundio gerund; present participle
gesto look (*of a face*)
gigante *m.* giant
girar spin

113

giro turn; expression (*of language*)
gitano gypsy
goce *m.* joy
golilla (*archaic*) magistrate
goloso fond of dainties
golpe *m.* blow; stroke
gorra cap, beret
gorrión *m.* sparrow
gota drop; — a — drop by drop
gozar enjoy
grado degree, extent
grandeza greatness, grandeur
grandullón *m.* (*var. of* grandillón) bully, brute
granizada hailstorm
gresca clamor, uproar
griego Greek
gringo American; foreigner
gris gray
grito shout, cry
grueso thick; heavy; big
grupa croup, rump; (*by extension*) tail, back
gruta cave
gualdo yellow
guapo pretty, handsome
guardagujas *m.* switchman
guardar keep
guiar guide, conduct
guijo gravel; stone
guiño wink
guisar cook
gustar please, be pleasing; me gusta I like it; — de enjoy, take pleasure in
gustillo flavor

ha *v.* haber
haber: ha (*plus expression of*

time) = hace (*plus expression of time*)
habichuela kidney bean, string bean
hacienda fortune; property; income
hallazgo discovery, find
han (*Old Spanish*) tienen
hechizar enchant, bewitch
hechizo enchantment, bewitching
hecho deed; event; fact; *adj.* made into
helecho fern
hembra female
hendidura crack, split
heredad *f.* (*here*) country property; estate
herida wound
hermanar match; join together
herrador *m.* blacksmith
herrar shoe (*as a horse*)
hidalgo nobleman
hierbajo (hierba, *pejorative*) grass; weed
hierro iron
higo fig
hilillo *dim. of* hilo thread
hincarse kneel
hinchar swell
hirviente boiling
Historia *Royal Academy of History*
hocico snout, muzzle, nose
hogar hearth; home
hoja leaf
holgarse be pleased
hombro shoulder
hondamente deeply
hondo deep, profound
horquilla hairpin

hoyuelo dimple
hoz *f.* sickle
hueco space; hollow
huele *v.* oler
huérfano orphan, orphaned
hueso bone
huésped *m.* guest
huir flee
humedad *f.* dampness; humidity
humedecer wet, moisten
humildad *f.* humility
humo smoke
hundir sink; plunge
hurtadamente secretly

iaz (*Old Spanish*) **yace** *from*
  yacer lie
ida: de — y vuelta round-trip
iglesia church
igual equal, the same
impar unmatched
imperio empire
imponer impose
importar be important; **no me**
  —ía I wouldn't mind
imprevisto unforeseen
incendio fire
incoloro colorless
increíble incredible
increpar chide, rebuke
indócil indocile, unteachable
índole *f.* sort, type
indómito untamed; indomitable
industria trick; industry; ingenuity
inenarrable inexpressible
infausto unlucky; fatal
infeliz unhappy, wretched
inflar inflate; expand
ingenio engine; apparatus

ingenuidad *f.* ingenuousness,
  naiveté
ingrato harsh, unpleasant; un-
  grateful
injuria offense, insult
inopinado unexpected
inquina ill will
insaciado unsatisfied
ínsula (*archaic*) island
intentar try
intransitable impassable
inútil useless
isla island
isleño island-like, pertaining to
  islands

jamón *m.* ham
jerarquía hierarchy
jinete *m.* horseman
jirón *m.* shred
jónico Ionic
joya jewel
juicio judgment; mind
junco rush, reed
juntura juncture; joint; point of
  meeting

labrador *n. and adj.* farmer;
  farming
lacón *m.* pork shoulder
lado side
ladrillo brick
lago lake
lamer lick, lap
lanza lance
lanzar throw, cast out
lavatorio wash; lavatory; lotion
lazarillo blind man's guide
lectura reading
legua league (*distance*)
lema *m.* motto

115

lentejas *pl.* lentils
lento slow
levantar raise, lift; — **el vuelo** take flight
leve soft, gentle
ley *f.* law
libre free
ligeramente slightly; lighty
ligereza lightness; grace
ligero light (*in weight*)
lila lilac (*bush or flower*)
limpiar clean
lindo pretty, beautiful
linterna lantern
lirio lily
liso smooth
lóbrego gloomy, dark
locución *f.* phrase; expression
locura madness
lograr achieve; succeed
lomo back
losa tile, paving stone
lúbrico lubricous; slippery; lascivious
lucir show off; display
luchar fight
luengo (*archaic*) long
lugar place; village
lujo luxury
lujosamente luxuriously, expensively

llano plains; fields
llave *f.* key
llegar arrive
lleno full, filled
llevar carry, take; have
llorón whining; given to crying

mácula spot, stain
macho masculine, male; tough

madera wood, timber; beam
madrugador *m.* early riser
maese *m.* Master (*title*)
maestría skill
maestro master; teacher
Mahoma Mohammed
maldecir curse
maleza thickets, underbrush
maltrecho battered, beaten
malva *invar. adj.* mauve; *n.* mallow
manchón *m.* (*augmentative* of **mancha**) large spot or stain
mandarino mandarin
mano *f.* hand; handful
manso tame, weak
máquina engine; machine; (*coll.*) collection, bunch
mar *m. and f.* sea
marcha (*here*) speed
mareo seasickness
margarita daisy
marido husband
marino marine, of the sea
mariposa butterfly
mas but
más more
mascullar mutter
mata bush
materno maternal
mayor *m.* adult; elder
mayorazgo *holder of an entailed estate*
mayoría majority
mecer rock, swing, stir
mediante by means of
medida measure; a — **que** as
medio means; *pl.* means; *n., adj., and adv.* half
mejilla cheek
melena lock of hair, wave of hair

melindroso finicky
membrete m. letter-head
membrillo quince
mendruga crumb, small piece (*as of bread*)
menta mint, menthe
mentecato fool, simpleton
mentira lie, falsehood; **parecer** — seem impossible, unbelievable
menudo small, tiny; **a** — often
merced f. grace, mercy; favor; — **a** because of; thanks to
merecedor worthy
merecer deserve
merecimiento merit; desert
meter put, place; insert
metódico methodical; routine
mezquite m. mezquite
miel f. honey
milagrería tales of miracles
milla mile
millares pl. thousands
mimado spoiled, pampered
mimoso spoiled; fussy
misericordia mercy, pity
mocetón m. strapping young fellow
mocoso brat, snotty-nosed brat
modismo idiom
modo mood (*in grammar*); manner; way
mofarse mock; make fun
mohín m. face, grimace, pouting
moho mould
mole f. mass, bulk
molestarse be concerned; bother oneself
molinero miller
molino mill
moneda coin; **pagarle con su**

propia — pay in kind
montañés *native of the region called La Montaña in northern Spain*
monte m. woodland; open country
moño topknot, bun (*of hair*)
morado deep purple
moraleja moral; lesson
morar live; dwell
morder bite
morosidad f. slowness
morrión m. helmet
moscatel m. muscatel
mote f. nickname
moza girl; maid
mozo fellow; boy; servant; waiter
mozuelo *dim. of* **mozo**
muchachada group of boys, girls, or children
muchacherío children; swarm of children
muchedumbre f. multitude
mudar change
muebles m. pl. furniture
muelle m. dock
muerto *past participle of* **morir**, *but used instead of* **matado** *when referring to a person who has been killed*
muestra sign, indication; sample
musiquilla simple music of little value
muslo thigh

naranja orange
nardo tuberose; spikenard (*a flower found often in the literature of Andalusia*)
narrar narrate, tell

117

natural native
negar deny
negruzco blackish; dark
niebla fog
nimbo nimbus cloud
Níobe *mythological figure:
    daughter of Tantalus, mother
    of seven sons and seven
    daughters*
nítido bright, clear
nombre *m.* name; noun
novel *adj.* new; novel
novia bride; fiancée; sweetheart
nube *f.* cloud
nudo knot
nuez *f.* nut
nupcias *pl.* wedding, marriage

obispo bishop
ocaso sunset
ocioso idle
ocre ochre (*mineral or color*)
ocurrencia witticism; bright idea
ocurrir occur; have recourse to
oficio job; trade; skill
ofrecer offer
ojazo big eye
ola wave (*as of a body of water*)
oler smell
olivar *m.* olive grove
olla pot; stew
onda wave
ondulante undulant, waving
oponer oppose
ora . . . ora now . . . now
oración *f.* sentence; prayer;
    oration
orgía orgy
orgullo pride
orilla shore, bank; outskirts
orín *m.* rust

oro gold
oscuro obscure; dark
ostentar display

padecer suffer
paisaje *m.* landscape; scenery
pala blade; paddle
pálido pale
paloma dove, pigeon
palomar *m.* pigeon house,
    dovecot
palomino young pigeon
pandilla band, gang
pantuflo slipper
pañuelo kerchief, handkerchief
parábola parable
pararse stop
parecer seem; — mentira seem
    impossible, unbelievable
parentela relations, family
pariente *m.* relative
parisiense Parisienne; of Paris
párrafo paragraph
parte *f.* part; dar — tell, inform
partida departure; group; party
partir cut in two; divide; depart
parvada flock, covey
pasaje *m.* passage; ticket
paso pace, step; pass; way;
    pathway
pasta paste; bullion de buena —
    genuine
pastar graze
pastor *m.* shepherd
pata paw; foot (*of an animal*)
patente obvious
patillita (*dim. of patilla*) (*here*)
    *a small curl just in front of
    the ear*
patinillo *dim. of* patio
patizuelo *dim. of* patio

paz *f.* peace
pecado sin
pecaminoso sinful
pechera shirtfront
pedante pedantic
pedazo piece
pedernal *m.* flint
pedir prestado borrow
peinado hair-do
película movie; film
peludo hairy, furry
pendencia quarrel
pendiente *m.* slope
penúltimo next to the last
penumbra shade, shadow
penuria poverty
peña rock, cliff
peñascal *m.* rocky country
peñasco crag, pinnacle
peonza whipping top
pepita small seed
perdurar last; persist
peregrinación *f.* pilgrimage;
  group of pilgrims
peregrino strange, wonderous;
  beautiful
perfil *m.* profile; outline
permanecer remain
perseguido pursued; persecuted
pesar *m.* sorrow; regret; a — de
  in spite of; *v.* weigh
pescar fish; catch
pescuezo neck
peso weight
peto breastplate
petrel *m.* petrel (*a bird*)
picacho sharp peak
picaresco picaresque; roguish;
  gay
picotazo blow with a bird's beak

pie *m.* foot; al — de la letra
  literally
piedra stone, rock
piel *f.* skin; hide
pieza piece; room; prey
pincho prod, stick
pino *n.* pine tree; *adj.* steep
pintura painting
pisada footstep
piso floor
pista trail; floor
pizarra blackboard
pizarrón *m.* blackboard
placer *m.* pleasure, delight
plagiar plagiarize
plagio plagiarism
planicies *f. pl.* plain; level
  ground
plano flat, even
plantado set, placed; lo bien —
  que estaba how well placed it
  was
plañir lament; grieve over
plata silver
plegaria prayer
plenamente fully
pliegue *m.* wrinkle, crease; fold
plomo lead
poco: por — almost
podadera pruning hook
polisón *m.* bustle (*of a dress*)
pólvora powder
pomada pomade; salve
porfía obstinacy, stubborness
portador *m.* bearer
portal *m.* (*here*) arcade, arch-
  way
pórtico portico; porch
portón *m.* large door or gate
potrillo *dim. of* potro
potro colt

pradera meadowland
prado meadow
predilecto favorite
prefijo prefix
pregón *m.* cry, proclamation
prender light
pretender claim, maintain
preveer (*archaic for* **prever**) foresee
prevención *f.* preparation
previsión *f.* foresight
previsor foresighted
primera clase first class
primor *m.* elegance; beauty
principio beginning
prisa haste; **de —** fast, rapidly
probar try; prove; **— fortuna** try one's luck
proceso process; trial
procurar try
prodigio prodigy; miracle
profundizar enter deeply
prometer promise
promover move; bring about
pronombre *m.* pronoun
propio very; veritable; own
propósito purpose
prorrumpir burst out
proseguir continue
prueba test, proof
pueblecillo *dim. of* **pueblo** town; village
puente *m.* bridge
puerta door; **— falsa** back door
puertecilla *dim. of* **puerta**
puesto que because, since; (*archaic*) even if, even though
pulcritud *f.* neatness, tidiness
pulido polished
punta point; bit; piece

puntería marksmanship
punto point; fleck; **de todo —** immediately; **en un —** entirely
puño fist; hilt (*as of a sword*)

quebranto sorrow, grief; **duelos y —s** *see* **duelo**
quebrar break; give in
queja complaint; sound of complaint
quejido whine; moan
quejumbroso complaining, whining
quemar burn
quien más quien menos some more, some less
quitar remove

rabia rage, anger
radicar stem from
raíz *f.* root
ramaje *m.* branches; system of branches
ramonear browse; graze
rapaz *m.* boy, chap
rasgo trait
rato moment
raya: tener a — hold in line
razón *f.* reason; sentence; message; **con —** rightly; **estar en —** be right; be proper
real real; royal; *m. Spanish coin*
rebullir stir, begin to move
rebuzno braying sound
receta prescription
recio strong, robust
recluta recruit; soldier
recodo corner, turn (*of a path*)
recogido caught up; gathered up
recogimiento seclusion, withdrawal

recorrer go over; pass through
recorrido trip; route
recto straight
rechazar refuse, reject
redondo round
referir refer; tell; relate
refrenado curbed, restrained
regalar give (*as a gift*)
regla rule; **en —** in order
regocijo joy
regresar return
regreso return
rehuir flee; shrink from; avoid
reino kingdom; homeland
reir(se) laugh
relieve *m.* relief (*a kind of design*)
rematar finish off
remontar go up (*a river*)
rendido subdued
rendija crack, split; slit
rendir subdue
renuevo sprout; shoot
reñido on bad terms
reparo repair; notice; objection
repasar review
replegarse fold back on; fall back on
requebrar flatter; flirt with
requiebro compliment
resabio unpleasant aftertaste
resbalarse slide, slip
respirar breathe
resplandeciente shining
responder respond; explain
respuesta response, answer
resquebrajadura crack, split
resucitar(se) come back from the dead
retratar portray; paint (*a portrait*)

reunirse come together
reventar explode; burst
revés *m.* backstroke (*as of a sword*)
revuelto tousled; tangled; scrambled
ría inlet, estuary
ribereño riverside
ricillo *dim. of* **rizo** curl
riel *m.* rail
riente laughing
riesgo risk, danger; **estar al —** withstand the danger
rincón *m.* corner
rinconada corner
risa laughter
rizar ripple; curl
rocín *m.* horse; nag
rodar roll
rodear surround
rodilla knee
rogar beg; request
rojizo reddish
rojo red
Roldán Roland
romance *m.* ballad; tale of adventure
romperse break open; break apart
ronco hoarse
roso pink; red; rose colored
rostro face
rozar brush; touch
rudo crude; rough
rueda wheel
rugir roar, bellow
ruido noise
rumbo direction
rumor *m.* sound; whisper
rutinario commonplace

121

saber know; taste; **no sé qué**
(*adjectival*) some kind of
sabiduría wiseness; wisdom
sabio wise man
sabor *m.* flavor, taste
sabroso tasty, delicious
sal *f.* salt; charm; wit
salitre *m.* saltpeter, potassium
nitrate
saltar jump, leap
sangrante bleeding
sano healthy, sound; sane
sañas *pl.* anger, rage
satisfecho satisfied
sayo doublet
sazón *f.* season; **a la —** at that
time
sé *v.* saber
seco dry
seglar *m.* layman
seguramente certainly
sembradura: de — suitable for
crops
semejante similar; such, such a
seno bosom
sentido sense; feeling
señá *dialect for* señora
señal *f.* mark; scar
señalado distinguished; outstanding; scarred
señalar point; point out, scar
señas *pl.* directions; description;
address
señorío men; gentlemen
ser *m.* being
seroncillo *dim. of* serón pannier
(*container used for hauling
on horseback, etc.*)
serrería sawmill
sien *f.* temple (*side of head*)
sierpe *f.* serpent

sierra mountain range
siglo century
significado meaning
simpático nice, pleasant
singular singular; single
singularmente singularly; especially
siniestro sinister; (*archaic*) left
sinrazón *f.* wrong; unreason; in-
justice
sinuoso winding
sitio place
soberbio proud, haughty; superb
sobrado attic, garret
sobredicho aforementioned
sobrenombre *m.* last name
sobresaliente outstanding
sobrino nephew
solariego ancestral
solaz *m.* solace, consolation;
recreation
soler be accustomed to
solicitar woo, court; ask for
sollozar sob
sombreado shaded
someter submit
sonajero rattle; child's rattle
sonar sound
sonoro sonorous; sounding
sonoroso resounding; sonorous
sonrosado pink
sorprender surprise
sortijilla ringlet
sosiego ease; peace
sotabarba *fringe of whiskers
from ear to ear*
suave smooth; soft; gentle
subir go up, rise
subrayar underline
suceder happen
suelto free; loose

suerte f. luck; fate
sugerencia suggestion
sugerir suggest
sumamente extremely
suministrar supply, provide
sumo most, greatest
suplicio torture; suffering
suplir make up for
suprimido suppressed
surgir surge; come flooding forth
surtir supply
suspiro sigh
sustantivo noun
sustento support; living
sustituir replace
sustraerse evade, slip away from; avoid
susurrar hum; rustle
sutil subtle
sutileza sublety

tacha flaw
talabarte m. sword belt
talante m. will; pleasure
talla height; stature
tallado shaped, formed
tambor m. drum
Támesis Thames
tantum pellis et ossa fuit (*Latin*) was nothing but skin and bones
tapiz m. tapestry
tara defect
tardanza delay
tardar last; delay; be late
tarea task
telamón m. telamon (*architectural column in the form of a male figure*)
temor m. fear
tendido stretched out

tener: — en cuenta have in mind, keep in mind; **— a raya** hold in line
terso smooth
terrón m. hunk, lump
testigo witness
tétrico gloomy
tez f. skin; complexion
tibiamente warmly; lukewarmly
tiempo time; tense
tien' *uneducated pronunciation of* **tiene**
tierno tender
tieso stiff
tío uncle; *also a title used familiarly, which may be translated as* old man
tipludo high voiced; soprano
tirador m. shooter; marksman
tirar shoot; throw; pull; suggest
tiro shot
tiroteo shooting; shots
toca headdress
tocar touch; play (*an instrument*); **—le a uno** be one's turn
todo all
toledano from Toledo
tomado overcome; covered
tomo volume (*of a book*)
tonto stupid; silly; **lo tonta que es** how silly she is
topar encounter
toque m. touch
tornar turn; return; become
tornear turn; mold
torno: en — de around
torpeza awkwardness
torre f. tower
tozudo stubborn; insistent
trabado tied

trabajosamente with difficulty
traducir translate
trago swallow; drink
traidor *m.* traitor
tramo stretch, section
transir pierce
transitar travel; go from place to place
trapo cloth; rag
trastienda back room; hidden intent
tratamiento treatment
trato agreement
travesura mischievousness
travieso naughty
trayecto journey
traza trace; appearance, looks
trémulo trembling
trenza braid
trepar ascend, climb
tributo tax; tribute
trigueño color of wheat
trompetería trumpetry
tropo trope, rhetorical device
trotar trot
trotecillo (*dim. of* trote) little trot
trozo section; selection
trueno thunder
tuerto one-eyed
tumbado lying down
tupido close together
turbio dark; de — en — drowsy all day (*from staying up all night*)
tuteo *use of the* tú *form*

umbral *m.* threshhold
único only; unique
útil useful
uva grape

vaca cow
vacío empty
vagar wander
vago vague; blurred; *m.* vagabond; idler
vagón *m.* car (*of a train*)
valentía bravery
valer be worth; —se de make use of
valeroso valiant; valorous
valimiento protection
valioso valuable
valor *m.* value; valor
valla barrier; fence
vano vain
vapor *m.* ship
vara pole, rod, stick; *measure of length, 2.8 ft.*
varilla rod, stem
varón *m.* man; male
vecino neighbor; inhabitant of a village
vela candle; sail
velar hold wake for; watch by night; veil
velarte *m.* broadcloth
veleta weather vane
velozmente rapidly
vello hair; fleece
vellorí *m.* broadcloth of undyed wool; homespun
velludo hairy; velvet; plush
vencer vanquish
ventaja advantage
ventura happiness; luck
verduras *pl.* greens; vegetables
vergüenza shame
verso line (*of poetry*)
verter spill; pour; shed
vez *f.* time
viajero traveler

vibrar vibrate; shake; wave
viento wind
vientre *m.* abdomen; womb
villa country house; village
violáceo violaceous
virtud *f.* virtue; **por — de** because of
víspera *the night before a festival, holiday, etc.*
vista view; vision; sight
vivo lively; **al —** vividly
vocecita (*dim. of* **voz**) small voice
volar fly
voluntad *f.* will

volverse turn around
vuelta turn; return; revolution
vulgar common

yantar (*archaic*) eat
yema fingertip; yolk of egg
yergue *see* **erguir**
yermo desert; wasteland
yerra *v.* **errar**

zaga read guard; **ir en —** be behind
zambra uproar; gypsy fiesta
zapateo tapping; dancing

Format by Gayle Jaeger
Set in Linotype Caledonia
Composed by Brown Bros. Linotypers
Printed by The Murray Printing Co.
Bound by The Murray Printing Co.
HARPER & ROW, PUBLISHERS, INCORPORATED

70   7

3. El uso del subjuntivo en las cláusulas adverbiales. (Una cláusula adverbial funciona como un adverbio sencillo.) Ciertas expresiones adverbiales siempre requieren el uso del subjuntivo: *without* **sin que;** *unless* **a no ser que, al menos que;** *so that* **para que** (de modo que cuando indica propósito). Ejemplo: *She left without his knowing it.* **Salió sin que él lo supiera.** Ciertos adverbios temporales requieren el subjuntivo si la acción de la cláusula independiente no se ha efectuado todavía: *when* **cuando;** *as soon as* **luego que, tan pronto que;** *after* **después que.** Ejemplo: *I will go as soon as he comes.* **Iré luego que venga. Antes que** siempre requiere el subjuntivo.

4. Cuando tenemos las palabras *if* y *would* en la misma frase en inglés, se emplea el imperfecto del subjuntivo después de la palabra *if* (**si**), y se traduce la palabra *would* con el modo condicional: *If I had the money I would do it.* **Si tuviera el dinero, lo haría.**

N **Negación** El español permite, y en algunos casos requiere, el negativo doble. Cuando el negativo largo viene después del verbo hay que poner **no** antes: **no quiero nada, no hay ninguno, no lo acepta nadie; nada quiero, ninguno hay, nadie lo acepta.**

O **Objeto o complemento y su posición** (Empleamos aquí el término **objeto** por ser más conocido en inglés. El término común en español es **complemento.**)

1. Tabla.

DIRECTO		INDIRECTO		REFLEXIVO	
Singular					
me	me	to me	me	myself	me
you	te	to you	te	yourself	te
you	lo-la-le	to you	le	yourself	se
him	lo-le	to him	le	himself	se
her	la	to her	le	herself	se
it	lo-la-le	to it	le	itself	se
Plural					
us	nos	to us	nos	ourself	nos
you	os	to you	os	yourself	os
you	los-las	to you	les	yourself	se
them	los-las	to them	les	themselves	se

Note usted que en las dos primeras personas los objetos directos, indirectos, y reflexivos son iguales. (**Le** puede usarse como objeto directo en la tercera persona singular.)

2. Posición. Los objetos o complementos van directamente antes del verbo conjugado: *You give it to me.* **Me lo das.** *He wants it.* **Lo quiere.** Cuando hay infinitivo o gerundio (*present participle*), se puede agregar el objeto a estas formas verbales (*if there is an infinitive or present participle the object pronoun can be attached to them*): *Do you want to bring it to me?* **¿Quieres traérmelo?** o **¿me lo quieres traer?** *He was shouting it.* **Estaba gritándolo,** o **lo estaba gritando.** Cuando no hay verbo conjugado el objeto tiene que agregarse forzosamente al infinitivo o al gerundio: *before doing it* **antes de hacerlo.**